日本史のなかの千葉県

吉野健一 編

重要伝統的建造物群保存地区に選定されている佐原の町並み(香取市。千葉県観光物産協会提供)

山川出版社

千葉県の関連略年表

時代	年代	事項
旧石器	3万4000年前頃	環状ブロック群が房総半島各地に形成される(墨古沢遺跡)
縄文	1万1000年前頃	貝塚がつくられる(西の城貝塚)
	7000年前頃	内陸に海水が入り込み、奥東京湾、古鬼怒湾が形成される
	5000年前	東京湾沿岸に環状貝塚群が形成される
弥生	紀元前後	千葉県域に水田稲作が伝わる(芝野遺跡)
古墳	3世紀半ば	東京湾沿岸に最初の前方後円墳がつくられる(神門5号墳)
	5世紀半ば	「王賜」銘のある鉄剣が副葬された円墳がつくられる(稲荷台1号墳)
飛鳥	645(大化元)	東国に国司が任命され、戸籍作成と田地調査が命じられる
	700頃	東日本最古、白鳳仏を安置する仏教寺院がつくられる(龍角寺)
奈良	718(養老2)	上総国から安房国が分離し、上総・下総・安房の三国になる
	776(宝亀7)	蝦夷との戦いに備え、下総国などから騎兵が動員される
平安	939(天慶2)	平将門が新皇を称し、独自に関東諸国の国司を任命する
	1111(天永2)	下総国産の馬が競馬に使用される
	1156(保元元)	千葉常胤、源義朝に従い保元の乱に参戦
	1180(治承4)	源頼朝が安房国猟嶋に上陸。房総三国の兵を率いて鎌倉に入る
鎌倉	1222(貞応元)	日蓮、安房国東条郷で生まれる
	1271(文永8)	下総国守護千葉頼胤、幕府の命で蒙古襲来に備えるため北九州に下向
	1333(元弘3)	千葉貞胤が新田義貞に応じて挙兵、鎌倉を攻撃して幕府を滅ぼす
室町	1364(貞治3)	上杉朝房、将軍足利義詮により上総国守護に補任される

時代	年	出来事
	１４５５（康正元）	享徳の乱で千葉氏が分かれて戦い、上杉方に立った宗家が滅ぼされる
	１５３８（天文７）	里見義明・義堯と北条氏綱・氏康、下総国府台で合戦（第一次国府台合戦）
	１５６４（永禄７）	里見義弘、下総国府台で北条氏康と合戦し、敗れる（第二次国府台合戦）
安土・桃山	１５９０（天正18）	豊臣秀吉の小田原攻めにより、北条方についた千葉氏や酒井氏らの房総諸氏が滅亡
	１５９４（文禄３）	徳川家康により、江戸湾に注ぐ利根川を鹿島灘に付け替える工事が始まり、１００年後に完成
江戸	１６１４（慶長19）	家康、行徳の塩を江戸に運ぶため、新川、小名木川を掘削
	１６１６（元和２）	田中玄蕃、銚子で醤油醸造を始めたと伝わる
	１６７７（延宝５）	房総沖大地震・津波おこる
	１６９２（元禄５）	初代・市川團十郎、成田不動に帰依。『兵根元曽我』で大当たりし、屋号を成田屋とする
	１７３５（享保20）	青木昆陽、飢饉の際の食料となる甘藷の栽培を、現在の千葉市や九十九里町で行う
	１８００（寛政12）	伊能忠敬、『大日本沿海輿地全図』の作成を始め、１８２１年に完成する
	１８４１（天保12）	佐倉藩主・堀田正睦、江戸幕府の老中首座になる
明治	１８７１（明治４）	廃藩置県により新治県、木更津県、印旛県が誕生する
	１８７３（明治６）	木更津県と印旛県が合併して千葉県が誕生する
	１８９０（明治23）	利根運河が完成する
大正	１９１２（大正元）	白戸栄之助、稲毛海岸で日本初の飛行を成功
	１９２１（大正10）	千葉市が誕生する
昭和	１９４５（昭和20）	銚子市、千葉市がアメリカ軍の空襲を受ける
	１９６１（昭和36）	京葉臨海工業地帯造成計画が作成される
	１９７８（昭和53）	新東京国際空港（成田空港）が開港する
	１９８３（昭和58）	東京ディズニーランドが浦安市に開業する
平成	１９９７（平成９）	東京アクアラインが開通

日本史のなかの千葉県 目次

千葉県の歴史講義

コラム

もっと知りたい！
深掘り千葉県史

千葉県エリア別史跡・文化財マップ

〈資料編〉

本書の凡例：本書に登場する明治5年以前の月日は、旧暦のものです。
文化財の種別について、左記のように略しています。

国宝 国宝　重文 重要文化財　国史 国史跡　国名 国名勝　国天 国天然記念物

登録 国登録有形文化財　特史 特別史跡　特名 特別名勝　特天 特別天然記念物

県指定 県指定文化財　市指定 市指定文化財　町指定 町指定文化財

はじめに——千葉県の風土と人間

千葉県の気候・地質・地形

千葉県は、関東地方の南東端に位置しており、北側は茨城県、西側は東京都、北西側は埼玉県と接している。地理的にみると、関東平野から太平洋に向かって大きく突き出た南北に長い「房総《ぼうそう》半島」と呼ばれる半島地形で、海岸線の延長は約五三一キロ、県土の面積は五一五七・六一平方キロメートルで全国で二八位、平均標高は四五メートルと全国でもっとも低い。

東側は太平洋に、西側は東京湾に面し、北側には利根川《とねがわ》、北西側には江戸川が流れる。県土の地形は、北側の下総《しもうさ》台地と南側の房総丘陵に分かれる。下総台地は標高二〇メートルから三〇メートル程度、もっとも標高が高いところでも約一〇〇メートルの上面が平坦な地形である。その東側には九十九里《くじゅうくり》平野が広がり、太平洋岸には約六〇キロにも及ぶ九十九里海岸が南北に延びる。下総台地の西側は東京湾低地で、その海岸は、本来は遠浅の干潟だったが、太平洋戦争後に埋め立て造成された。利根川水系は、かつて「香取海《かとりのうみ》」と呼ばれた内海であったが、近世の利根川東遷事業による急激な土砂流入と、手賀沼《てがぬま》、印旛沼《いんばぬま》の干拓事業などにより現在の姿となった。

房総丘陵は、南に向かって徐々に高くなる丘陵地形で、もっとも標高が高い場所は鴨川市の愛宕山《あたごやま》で約四〇〇メートルである。

現在、千葉県にお住まいの方にとって、「房総」という言葉のイメージは千葉県の南部を限定的に示すものとなっている。しかし本来は、旧国名である下総、上総《かずさ》、安房《あわ》を合わせた範囲を示すものであり、私たち歴史に携わる者は、とくに近世以前の千葉県域の説明をする際、「房総」あるいは「房総半島」という言葉を用いることが多い。本書においても、房総という言葉を使用する際は、千葉県域を示すものと思っていただきたい。

海を渡っていろいろなものがやってきた

——房総半島と海

千葉県の歴史を考えるうえで海は、先史時代から今日に至るまでとても重要な役割を果たしてきた。縄文時代、気候の温暖化により海水面が上昇すると、東京湾と古鬼怒湾《こきぬ》(香取海)が拡大したため、房総半島は四方を海に囲まれた「ほぼ島」のような姿となった。海によって周辺地域から隔絶されているかのようにみえる房総半島だが、実際は、海を経てさまざ

香取海(古鬼怒湾)と東京湾に面したおもな遺跡(筆者作成)

まなものが伝わって、房総半島の歴史を動かしてきた。

東京湾に目を向けると、弥生時代、古墳時代には、水田稲作や灌漑《かんがい》技術をはじめとする先進技術や文化が東京湾を渡って房総半島の西岸に伝わり、やがてこの地域に巨大古墳群を築造するような勢力を誕生させた。律令制の時代になると、房総半島には下総国、上総国、安房国の三国が置かれたが、当初の東海道のルートは、海路により相模《さがみ》→上総→下総→常陸《ひたち》であった。先史時代以来、モノや情報が対岸から東京湾を海路で伝わってきたのだ。平安時代末期、石橋山《いしばしやま》の合戦で敗れた源頼朝《みなもとのよりとも》が、海を渡り安房国にたどり着くと、千葉《ちばの》介常胤《すけつねたね》ら両総平氏を率い、関東の武士を糾合して鎌倉幕府を開いた。このことが、中世における千葉氏の隆盛につながった。

また古鬼怒湾(香取海)沿岸をみると、古墳時代には三ノ分目大塚山《さんのわけめおおつかやま》古墳のような巨大古墳が造られるなど、東京湾沿岸とは異なる勢力が根づいた。古代には香取海の入り口には、茨城県側に鹿島《かしま》神宮、千葉県側に香取神宮が営まれるようになる。ともに武神を祀《まつ》り、朝廷からの信奉が篤《あつ》かった二つの神宮は、対蝦夷《えみし》戦争の際に戦勝祈願をする場でもあり、香取海は東北地方へ物資を運ぶために大きな役割を果たしたと考えられる。江戸時代初期に利根川東遷事業が行われると、香取海と東京湾は水路でつながった。海路で運ばれた東北地方からの物資は、茨城県中央部の涸沼川《ひぬまがわ》を経由し、陸路を経て、北浦や霞ヶ浦を再び船で南下し、利根川、江戸川を経て江戸まで運ばれた。

黒潮と房総半島の関係も深い。平安時代初期の『古語拾遺《こごしゅうい》』には、四国の阿波忌部《あわいんべ》氏が房総半島の南端に上陸し、安房地域の開拓を進めたという伝承が記されており、安房地域には忌部氏の伝承が遺されている。太平洋を経由して西方から房総半島に通じるルートが古代から意識されていたことは間違いなく、安房の人々のルーツが四国地方にあるという認識も興味深い。さらに江戸時代になると、紀州《きしゅう》からイワシを求めた漁民が房総半島に多く移り住み、先進的な漁業を伝えた。紀州や阿波からは、県内各地で現在も操業を続けている醤油の醸造も伝わった。漁業と醤油醸造は、近世以降の千葉県の基幹産業として県の発展に大きく寄与した。

今日、千葉県では、海に囲まれた半島という地形が産業や経済の発展を阻害していると捉える考え方があり、「半島性の克服」という言葉も聞く。しかし歴史を振り返ると、人や文化が海を渡って伝わり、千葉県を特徴づける文化や産業を形成してきたということができる。

千葉県人の気質を考えた場合、下総、上総、安房と三つの地域があり、

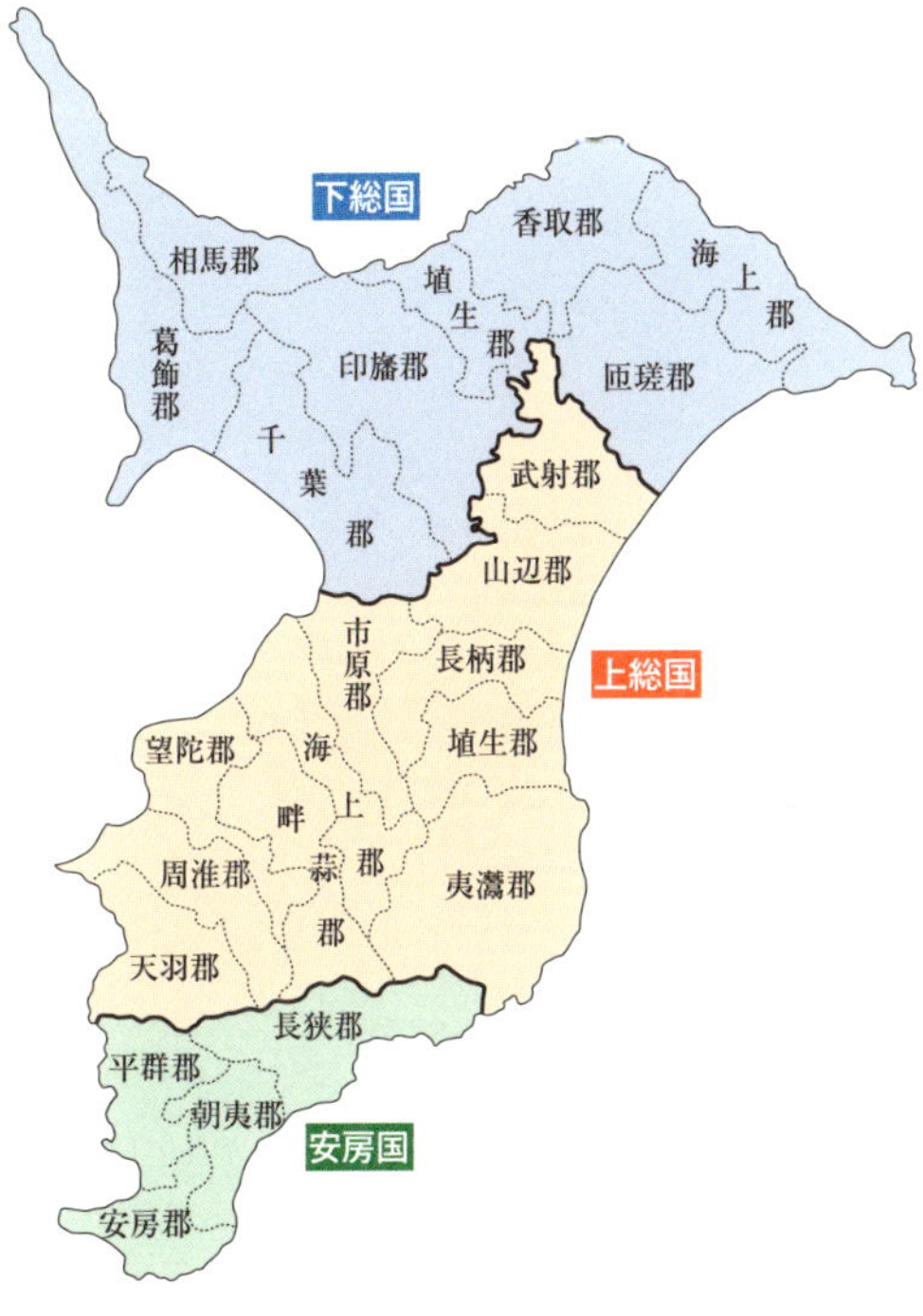

律令制下の千葉県分布図(筆者作成)

さらに海浜部と農村部といったように、背景となる生業や文化が異なるため、ひとくくりにすることは難しい。しかし歴史的な経過をふまえると、外部からやってきた人やモノ、コトに寛容であり、柔軟に取り入れ、自分たちのものに吸収できるという点に、千葉県人の特徴の一端が現れていると思われる。

歴史・文化の重層性――中世と近世の断絶

千葉県の政治史を概観すると、中世と近世の間に大きな断絶がみられる。千葉氏や里見《さとみ》氏に代表される中世の在地勢力が近世初頭に一掃されると、代わって譜代大名および小大名領、旗本領、天領となった。しかし大都市「江戸」に近接する地の利を生かし、しだいに、商業、漁業、醸造業などの産業が根づくと、経済的な繁栄を背景に庶民の文化や学問が栄えた。

しかし中世以前の事績が姿を消したわけではなく、中世以前の歴史的事象が近世以降に大きな影響を及ぼした事例もある。たとえば平安時代の平将門《たいらのまさかど》の乱である。関東一円を陥落させ、新皇を名乗った将門の反乱は短期間で潰《つい》えたが、その後も、東国の中央政権からの自立のシンボルとして伝説化し、下総の各地に伝承が残る。また将門の調伏《ちょうぶく》祈願を起源とする新勝寺《しんしょうじ》(成田市)は、江戸時代には庶民の信仰を集めるようになり、現在は全国的に著名な寺院となった。そのほかにも、鎌倉時代に安房国で生まれた日蓮《にちれん》も千葉県の歴史文化に大きな影響を与えた。千葉県内には法華経寺《ほけきょうじ》(市川市)や飯高寺《はんこうじ》(匝瑳《そうさ》市)などの寺院に日蓮にまつわる文化財が数多く遺されており、のちの時代にまで影響を及ぼした。

変化しつづける千葉県——近代から現代

近世の房総半島の歴史文化が江戸との関係の上に成り立ったように、近代以降の千葉県の発展も首都東京との関係を抜きに語ることはできない。太平洋戦争後、千葉県には開発ラッシュが訪れ、京葉臨海工業地帯、成田東京国際空港の建設、区画整理事業などの大規模開発が進められると、人口が急増した。現在でも、県の北西部では東京のベッドタウンとしての役割を担うために区画整理事業が進められており、人口が増加しつづけている。その一方で、県東部や南部においては人口減少が進むなど、県内での地域格差が広がりつつある。

しかし東京に隣接する千葉県の田舎は、近年、都会の人々の癒やしの場として魅力を放っている。近代以降名産となった梨、落花生、ビワに加え、近年はいちご栽培が目立ち、県内各地で「いちご狩り」のような観光農業が楽しまれている。またマリンレジャーに目を向けると、以前より盛んだった魚釣りや潮干狩りに加え、サーフィン文化が定着し、九十九里海岸にはサーフィンを楽しむ人々が集う街が形成されている。東京のニーズに合わせ、千葉県は今でも変化しつづけているのだ。（吉野）

P18～P25の地図は、
数値地図（国土基本情報20万）（国土地理院）を
加工して作成した。

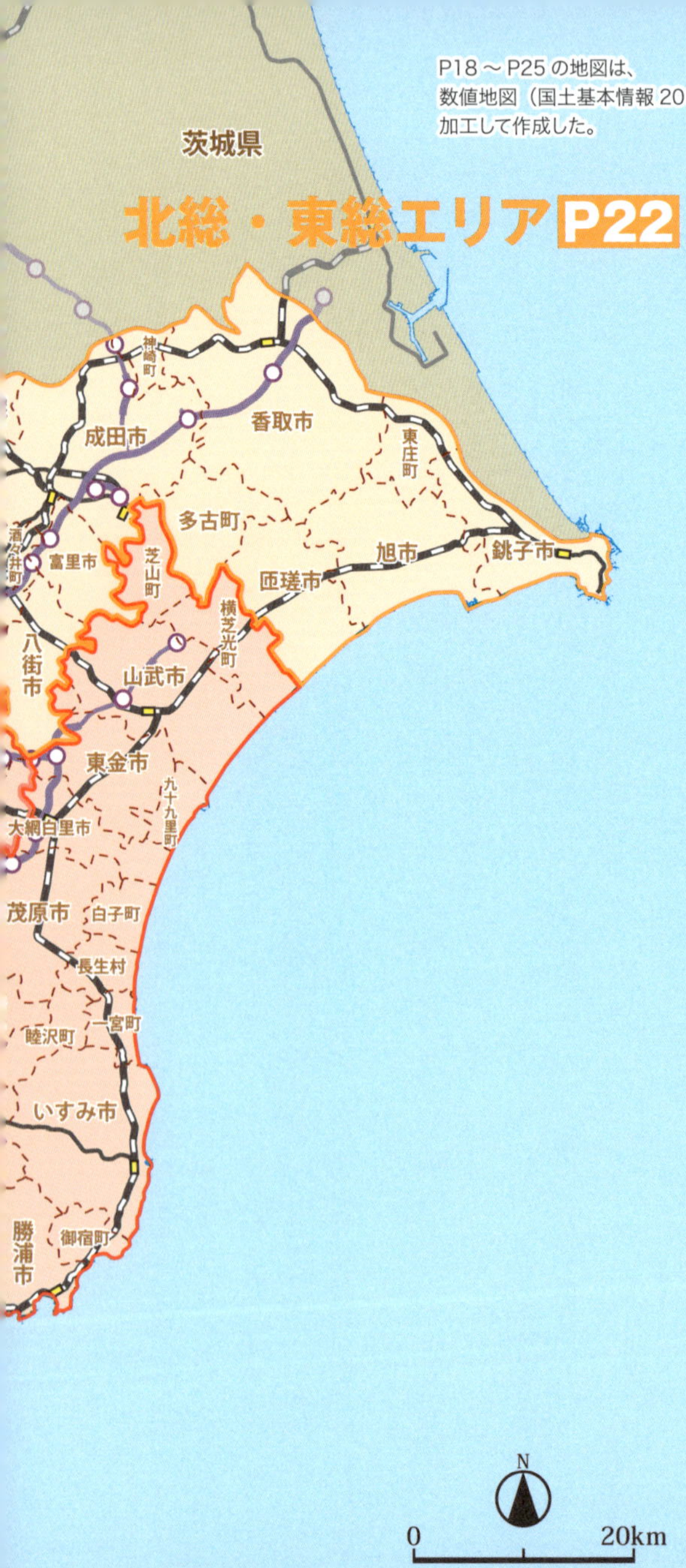

千葉県エリア別 史跡・文化財マップ

全国的に有名な場所から地元の身近な場所まで、本書に登場する史跡・文化財・博物館などをエリア別（中央、東葛、北総、東総、内房、外房、安房）に掲載。

地域ごとの特色から千葉県の歴史をたどる。

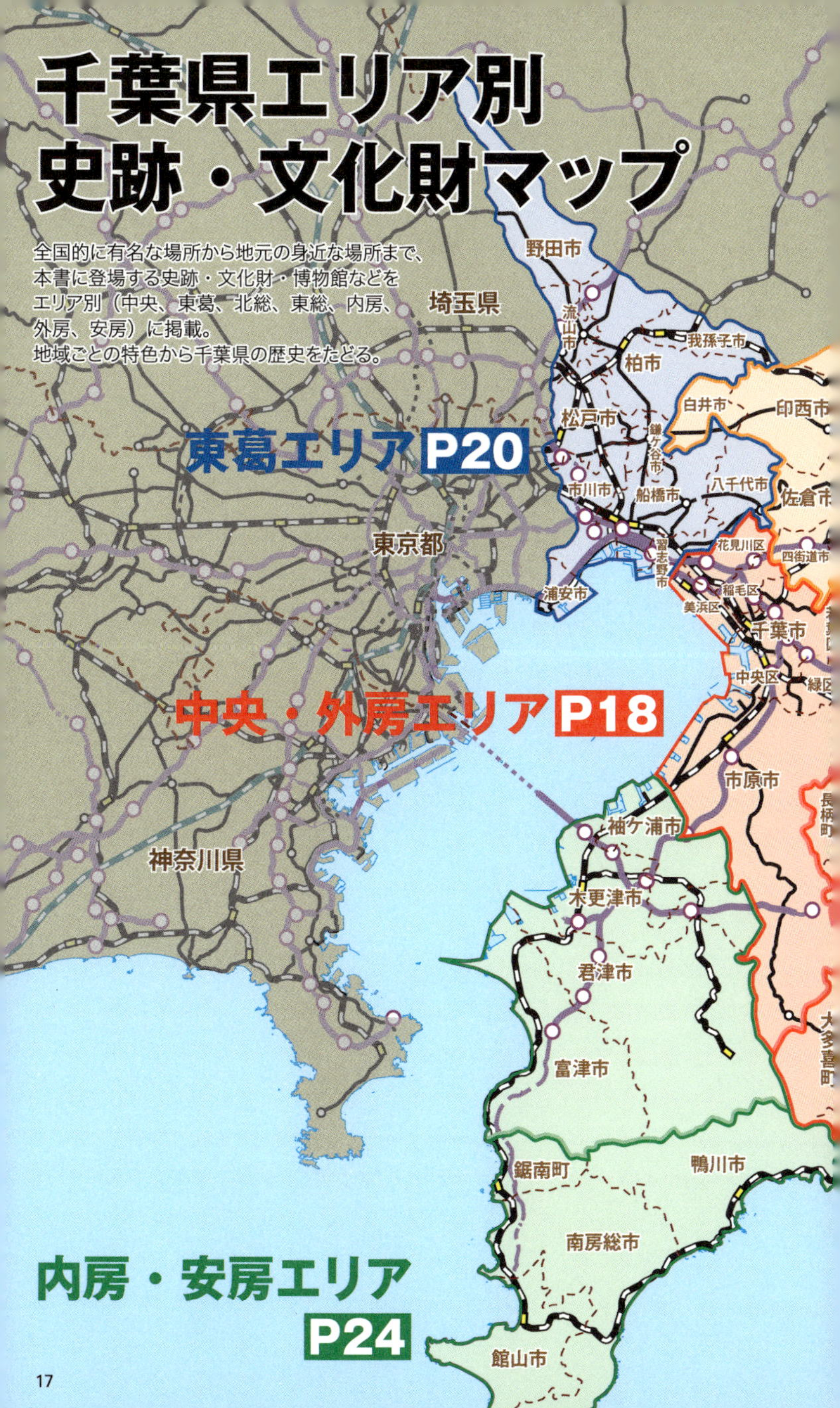

中央・外房エリア

成田空港空と大地の歴史館 P171
芝山町立芝山古墳・はにわ博物館 P65
坂田城跡 P109
広済寺 P110
芝山古墳群（殿塚古墳・姫塚古墳） P61・65
千葉御茶屋御殿跡 P121
成東東金食虫植物群落 P175
願成就寺 P88
大椎城跡 P85
宮谷県庁跡（本國寺） P137
晴雨感應碑（本國寺） P181
有吉南貝塚 P51
津波代様 P178
鷲山寺元禄地津波供養塔 P181
茂原市立美術館・郷土資料館 P158
長柄横穴群 P62・65
笠森寺 P108
玉前神社 P85
西願寺 P96
夢窓国師坐禅窟 P95
千葉県立中央博物館大多喜城分館（大多喜城跡） P120
ドン・ロドリゴ上陸地 P121
官軍塚 P181
芝山千代田
芝山町
館山自動車道
横芝光
横芝
松尾横芝
横芝光町
山武成東
山武市
総武本線
圏央道
成東
東金市
若葉区
126
千葉東金道路
東金
東金線
緑区
外房線
東金九十九里有料道路
九十九里町
片貝
大網
大網白里市
真亀
九十九里有料道路
圏央道
茂原市
白子町
長柄町
新茂原
茂原
外房線
長生村
長生
409
上総一ノ宮
長南町
市原鶴舞
睦沢町
一宮町
いすみ市
外房線
大多喜
上総中野
いすみ鉄道
大原
大多喜町
297
御宿町
御宿
勝浦市
勝浦
N
0
10km

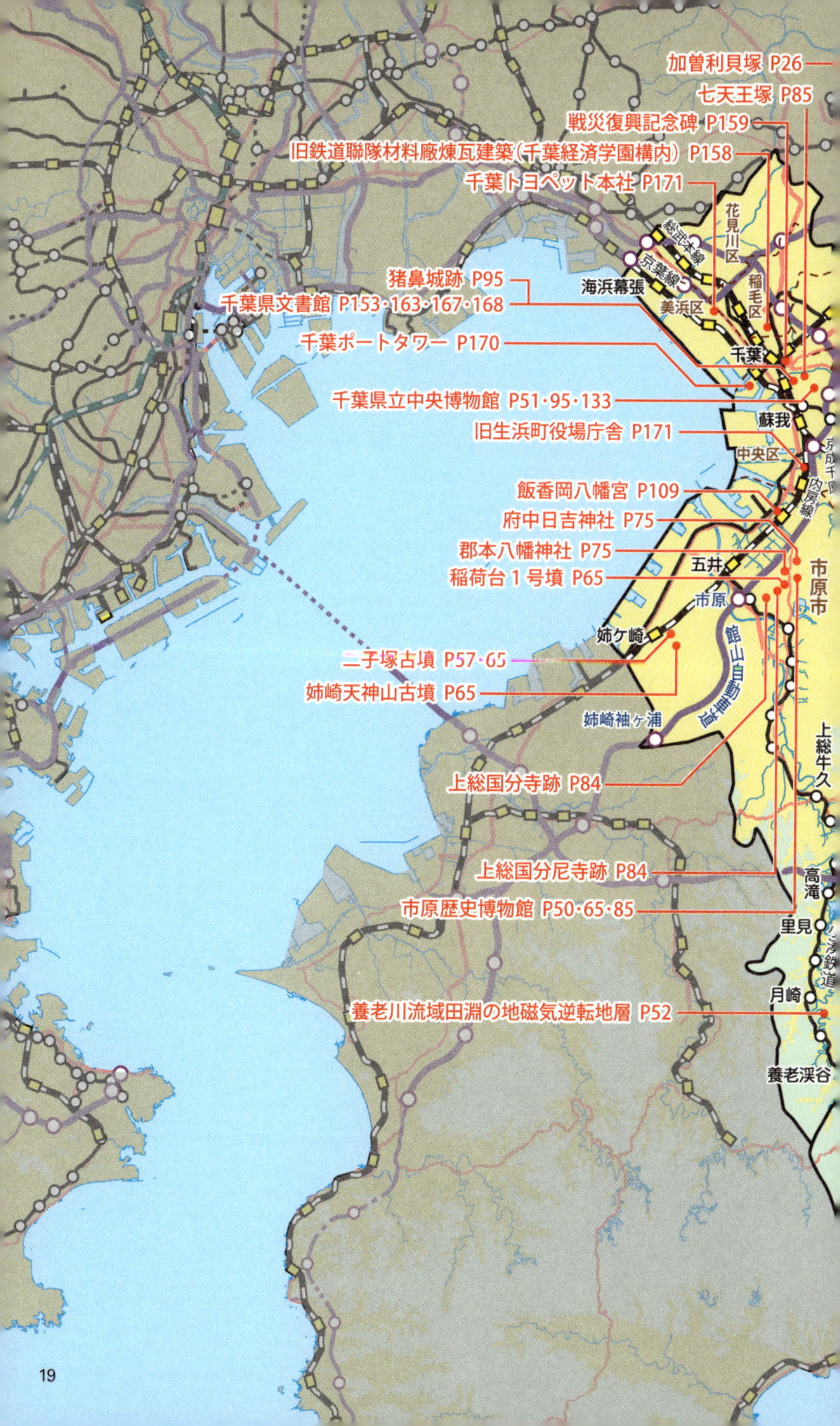
加曽利貝塚 P26
七天王塚 P85
戦災復興記念碑 P159
旧鉄道聯隊材料廠煉瓦建築（千葉経済学園構内） P158
千葉トヨペット本社 P171
猪鼻城跡 P95
千葉県文書館 P153・163・167・168
千葉ポートタワー P170
千葉県立中央博物館 P51・95・133
旧生浜町役場庁舎 P171
飯香岡八幡宮 P109
府中日吉神社 P75
郡本八幡神社 P75
稲荷台１号墳 P65
二子塚古墳 P57・65
姉崎天神山古墳 P65
上総国分寺跡 P84
上総国分尼寺跡 P84
市原歴史博物館 P50・65・85
養老川流域田淵の地磁気逆転地層 P52
花見川区
稲毛区
美浜区
総武本線
京葉線
海浜幕張
千葉
蘇我
中央区
内房線
五井
市原
市原市
館山自動車道
姉ケ崎
姉崎袖ケ浦
上総牛久
高滝
里見
月崎
養老渓谷

東葛エリア

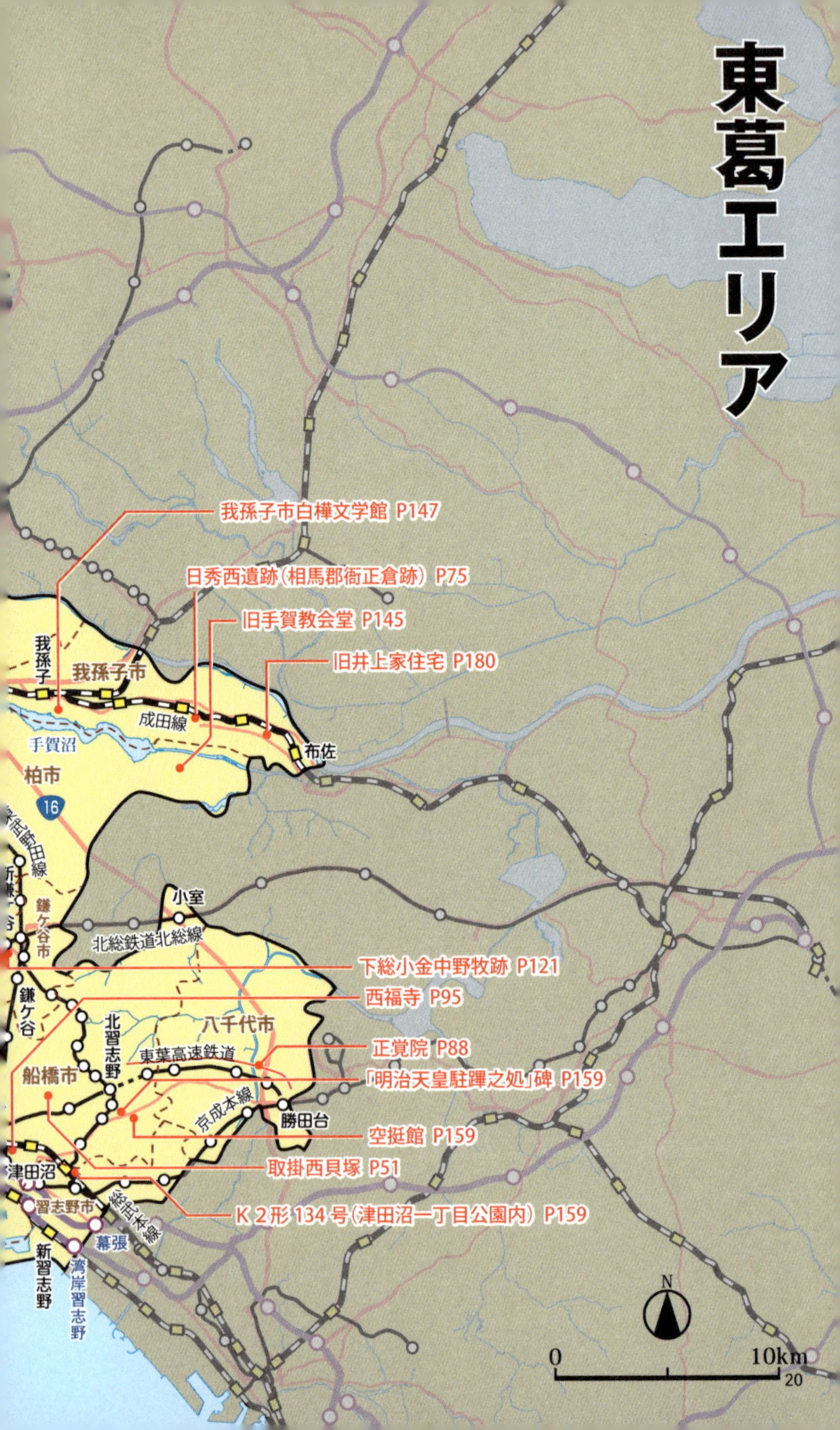

我孫子市白樺文学館 P147
日秀西遺跡（相馬郡衙正倉跡） P75
旧手賀教会堂 P145
旧井上家住宅 P180
我孫子
我孫子市
成田線
手賀沼
布佐
柏市
16
小室
北総鉄道北総線
鎌ケ谷市
下総小金中野牧跡 P121
西福寺 P95
鎌ケ谷
北習志野
八千代市
東葉高速鉄道
正覚院 P88
「明治天皇駐蹕之処」碑 P159
船橋市
京成本線
勝田台
空挺館 P159
取掛西貝塚 P51
津田沼
K 2形 134 号（津田沼一丁目公園内） P159
習志野市
総武本線
幕張
新習志野
海浜幕張
N
0
10km

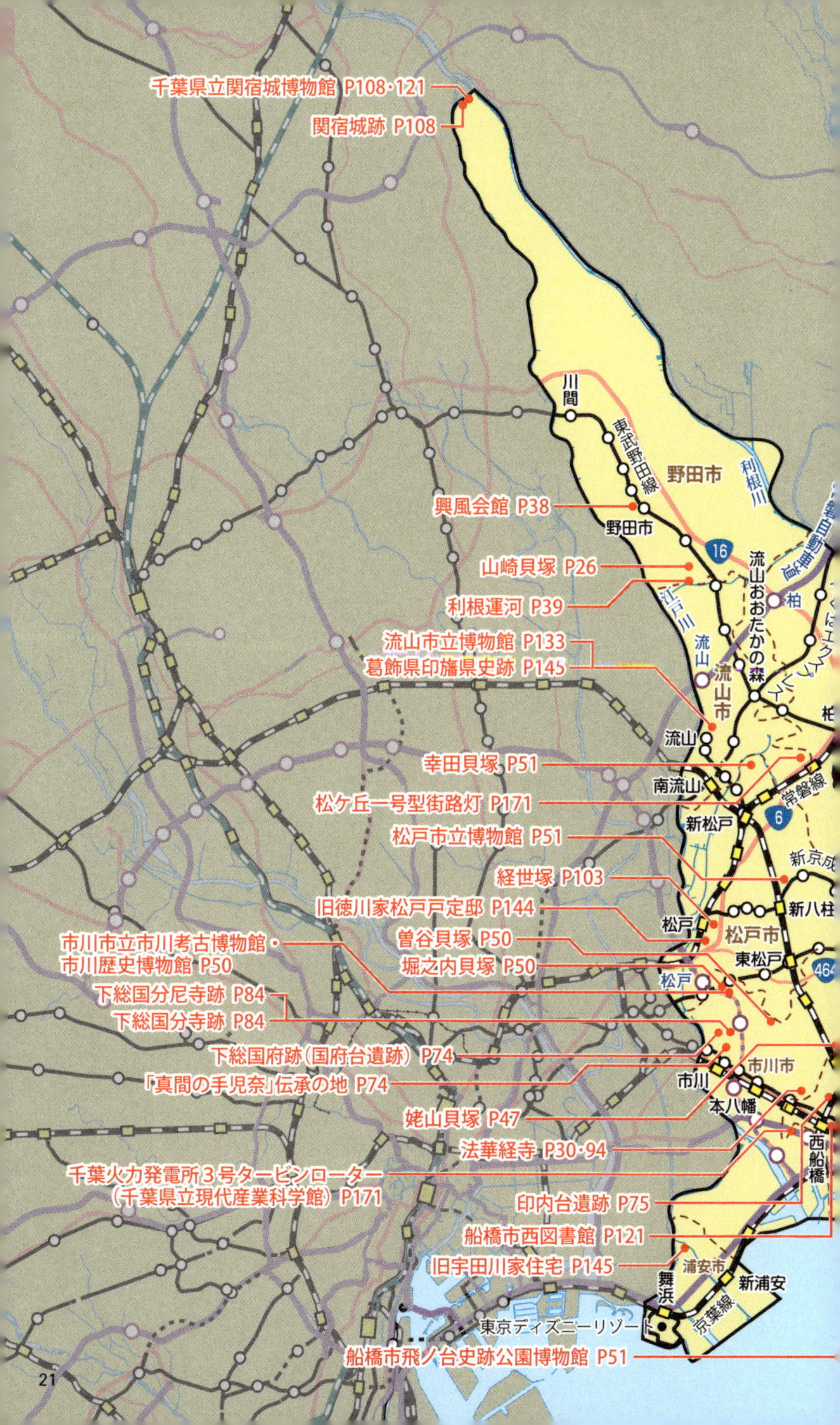
千葉県立関宿城博物館 P108・121
関宿城跡 P108
川間
東武野田線
野田市
利根川
興風会館 P38
野田市
16
山崎貝塚 P26
利根運河 P39
流山おおたかの森
江戸川
柏
流山市立博物館 P133
葛飾県印旛県史跡 P145
流山
流山市
流山
幸田貝塚 P51
南流山
松ケ丘一号型街路灯 P171
常磐線
新松戸
6
松戸市立博物館 P51
新京成
経世塚 P103
旧徳川家松戸戸定邸 P144
新八柱
松戸
松戸市
市川市立市川考古博物館・
市川歴史博物館 P50
曽谷貝塚 P50
堀之内貝塚 P50
東松戸
464
松戸
下総国分尼寺跡 P84
下総国分寺跡 P84
下総国府跡（国府台遺跡） P74
「真間の手児奈」伝承の地 P74
市川市
市川
本八幡
姥山貝塚 P47
法華経寺 P30・94
西船橋
千葉火力発電所３号タービンローター
（千葉県立現代産業科学館） P171
印内台遺跡 P75
船橋市西図書館 P121
旧宇田川家住宅 P145
浦安市
舞浜
新浦安
京葉線
東京ディズニーリゾート
船橋市飛ノ台史跡公園博物館 P51

北総・東総エリア

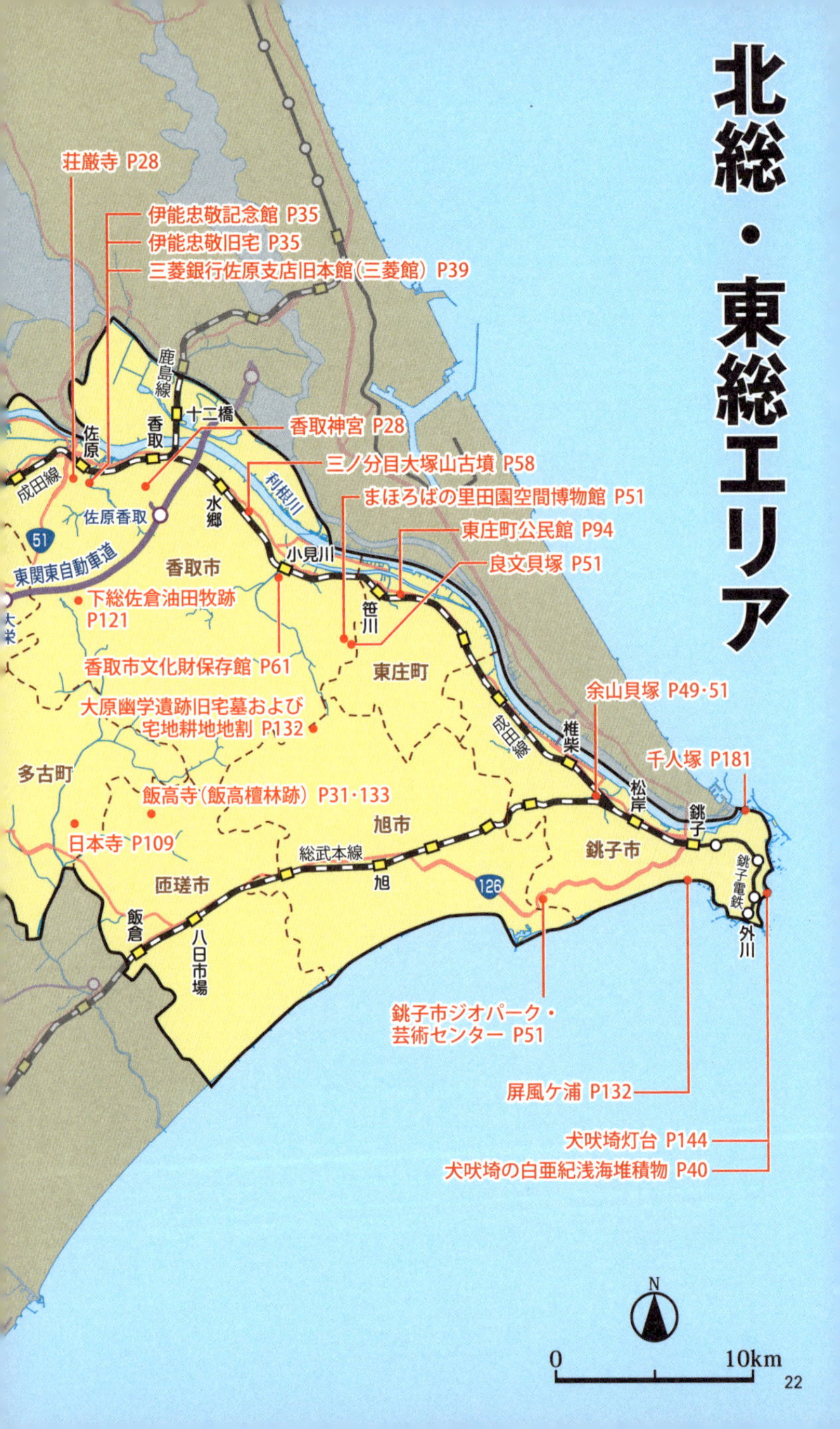

荘厳寺 P28
伊能忠敬記念館 P35
伊能忠敬旧宅 P35
三菱銀行佐原支店旧本館（三菱館） P39
鹿島線
十二橋
香取
佐原
成田線
佐原香取
51
東関東自動車道
香取神宮 P28
三ノ分目大塚山古墳 P58
まほろばの里田園空間博物館 P51
東庄町公民館 P94
良文貝塚 P51
利根川
水郷
小見川
笹川
香取市
下総佐倉油田牧跡
P121
香取市文化財保存館 P61
東庄町
大原幽学遺跡旧宅墓および
宅地耕地地割 P132
余山貝塚 P49・51
千人塚 P181
成田線
椎柴
松岸
銚子
多古町
飯高寺（飯高檀林跡） P31・133
旭市
日本寺 P109
総武本線
旭
銚子市
銚子電鉄
外川
126
匝瑳市
飯倉
八日市場
銚子市ジオパーク・
芸術センター P51
屏風ケ浦 P132
犬吠埼灯台 P144
犬吠埼の白亜紀浅海堆積物 P40
N
0
10km

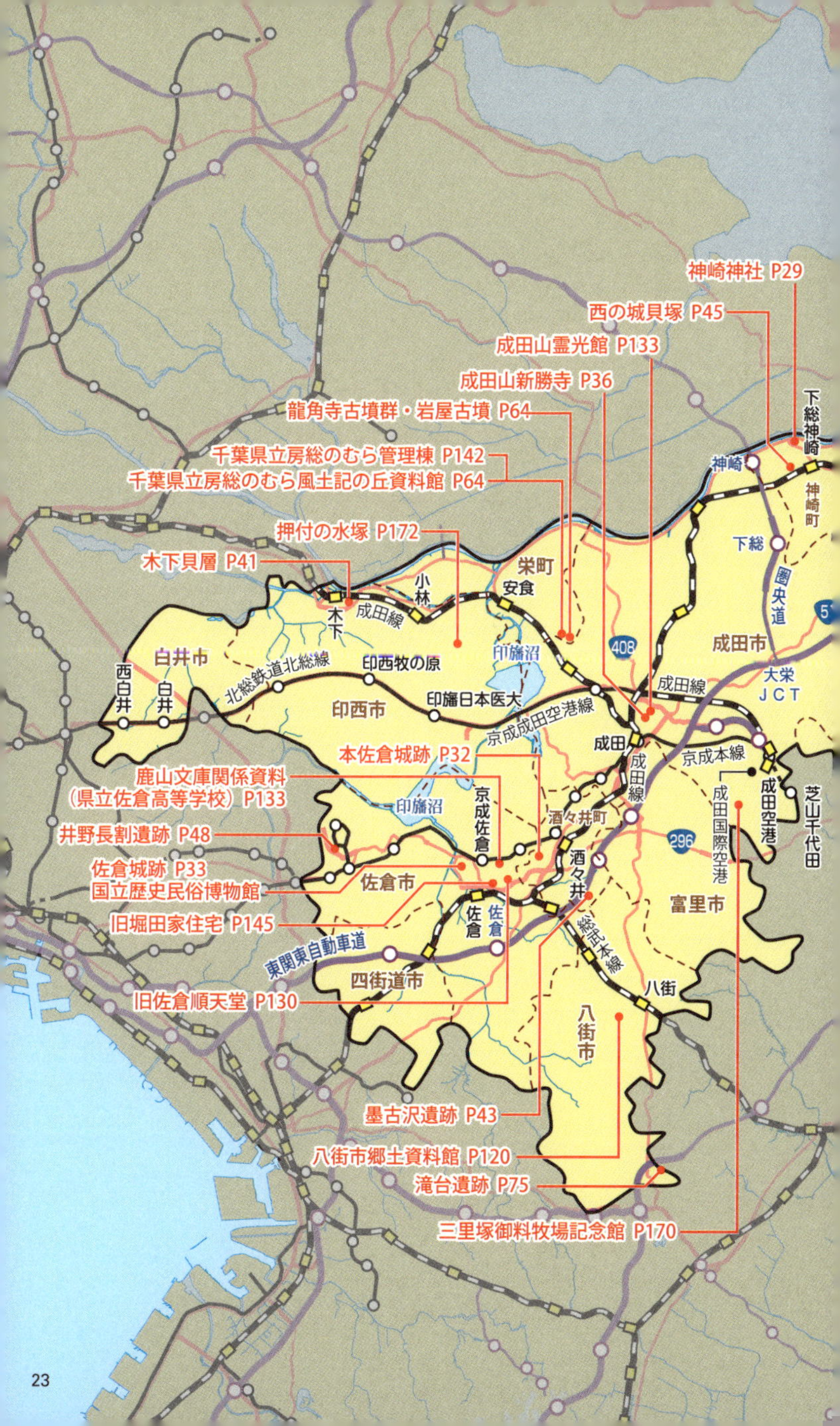
神崎神社 P29
西の城貝塚 P45
成田山霊光館 P133
成田山新勝寺 P36
龍角寺古墳群・岩屋古墳 P64
千葉県立房総のむら管理棟 P142
千葉県立房総のむら風土記の丘資料館 P64
押付の水塚 P172
木下貝層 P41
下総神崎
神崎
神崎町
下総
圏央道
栄町
安食
小林
木下
成田線
印旛沼
408
成田市
大栄JCT
白井市
西白井
白井
北総鉄道北総線
印西牧の原
印西市
印旛日本医大
京成成田空港線
成田線
成田
成田線
京成本線
成田空港
芝山千代田
本佐倉城跡 P32
鹿山文庫関係資料
（県立佐倉高等学校）P133
井野長割遺跡 P48
佐倉城跡 P33
国立歴史民俗博物館
旧堀田家住宅 P145
印旛沼
京成佐倉
酒々井町
酒々井
成田国際空港
296
佐倉市
富里市
佐倉
佐倉
総武本線
東関東自動車道
四街道市
八街
旧佐倉順天堂 P130
八街市
墨古沢遺跡 P43
八街市郷土資料館 P120
滝台遺跡 P75
三里塚御料牧場記念館 P170

内房・安房エリア

山野貝塚 P27・51
袖ケ浦市郷土博物館 P27
御所覧塚 P95
上総大寺廃寺露盤（熊野神社）P85
久留里城跡 P109
久留里城址資料館 P65
神野寺 P109
大山寺 P134
鯛の浦タイ生息地 P90
誕生寺 P30
保田層群のカオス層 P41
高家神社 P75
長浦
袖ケ浦
袖ケ浦市
袖ケ浦
小櫃川
木更津JCT
木更津市
久留里線
圏央道
木更津東
君津
久留里
君津市
上総亀山
高宕山
元清澄山
安房小湊
鴨川市
安房鴨川
内房線
和田浦
千倉
16
410
465
N
0
10km

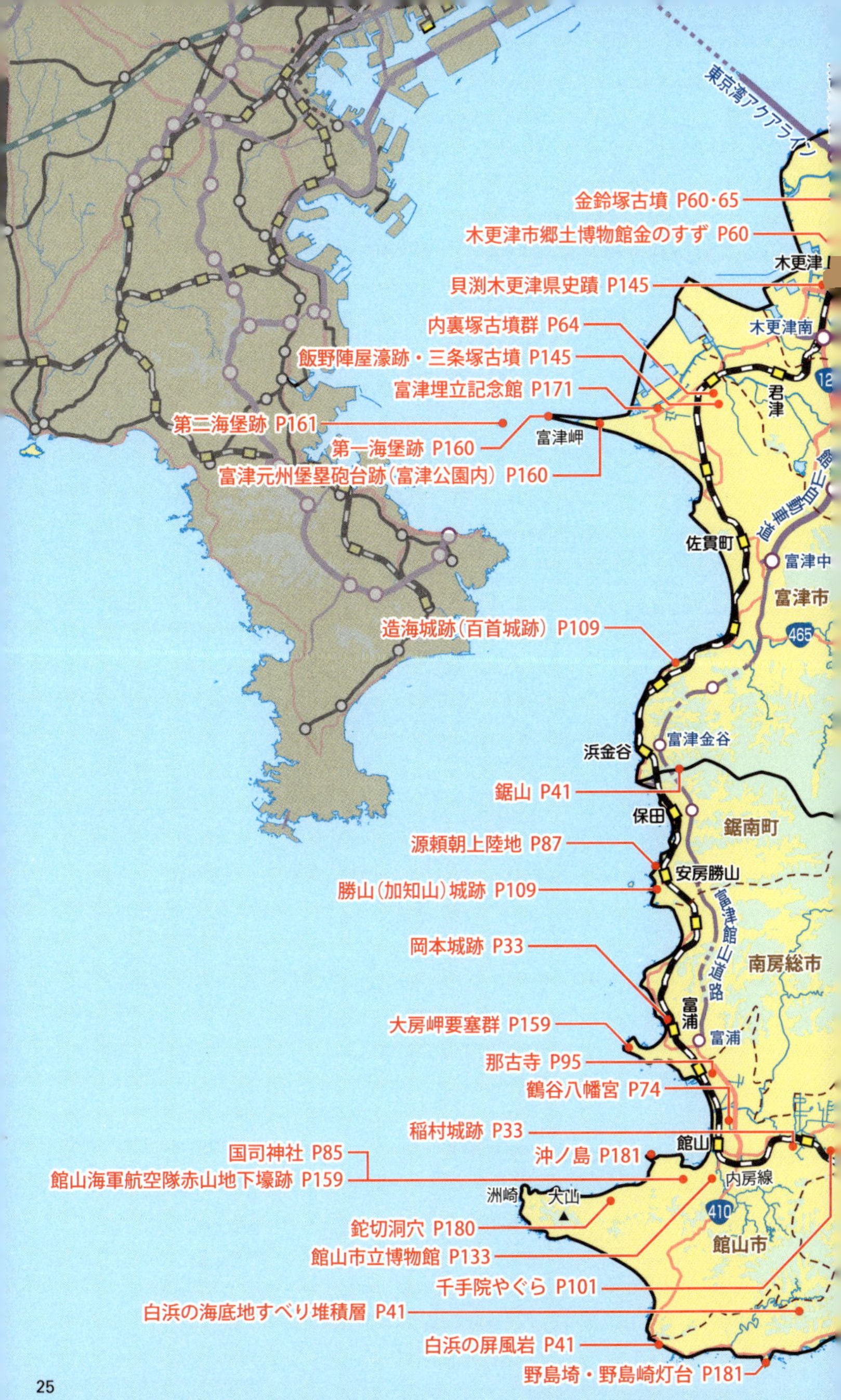

東京湾アクアライン
金鈴塚古墳 P60･65
木更津市郷土博物館金のすず P60
木更津
貝渕木更津県史跡 P145
木更津南
内裏塚古墳群 P64
飯野陣屋濠跡・三条塚古墳 P145
富津埋立記念館 P171
君津
第二海堡跡 P161
第一海堡跡 P160
富津岬
富津元州堡塁砲台跡（富津公園内） P160
館山自動車道
佐貫町
富津中
富津市
465
造海城跡（百首城跡） P109
富津金谷
浜金谷
鋸山 P41
保田
鋸南町
源頼朝上陸地 P87
安房勝山
勝山（加知山）城跡 P109
富津館山道路
岡本城跡 P33
南房総市
富浦
富浦
大房岬要塞群 P159
那古寺 P95
鶴谷八幡宮 P74
稲村城跡 P33
館山
国司神社 P85
沖ノ島 P181
館山海軍航空隊赤山地下壕跡 P159
内房線
洲崎
大山
410
鉈切洞穴 P180
館山市
館山市立博物館 P133
千手院やぐら P101
白浜の海底地すべり堆積層 P41
白浜の屏風岩 P41
野島埼・野島崎灯台 P181

五〇〇〇年前のムラの跡が広がる日本最大級の貝塚 加曽利貝塚

千葉県は、全国都道府県のなかで縄文貝塚がもっとも多く、特別史跡を含む国史跡も一三件が指定されており全国最多。なかでも加《か》曽《そ》利《り》貝塚は、直径約一四〇メートルの北貝塚と約一八〇メートルの南貝塚という二つの巨大環状貝塚が並ぶ全国最大級の貝塚。約五〇〇〇年前～約三〇〇〇年前にわたる集落の変遷を追うことができる。明治時代から調査が行われ、考古学の発展に寄与してきた。（吉野）

加《か》曽《そ》利《り》貝《かい》塚《づか》貝《かい》層《そう》断《だん》面《めん》観《かん》覧《らん》施《し》設《せつ》

巨大貝塚の貝層は厚いもので２メートルを超える。貝層には、貝だけでなく土器片や石器、動物の骨なども含まれる。貝層の中や下から住居跡が発見される重層的な構造を観察することができる。画像は南貝塚貝層（千葉市立加曽利貝塚博物館提供）。

山《やま》崎《ざき》貝《かい》塚《づか》

東京湾沿岸の国史跡貝塚のうち、もっとも北に位置する。中期から後期に形成された直径約130メートルの環状貝塚。史跡公園として整備されており、見学できる（野田市教育委員会提供）。国史

加曽利貝塚《かそりかいづか》

貝層の90パーセント以上を占めるのはイボキサゴという直径３センチ程度の巻貝。貝層の中からは住居跡や貯蔵穴が多数発見されており、その様子は遺構観覧施設により実感できる。千葉市ではこのほかに犢橋《こてはし》貝塚、月《つき》ノ木《き》貝塚、花輪《はなわ》貝塚が国史跡に指定されている（千葉市立加曽利貝塚博物館提供）。特史

山野貝塚《さんやかいづか》（史跡南西部より）

東京湾東岸の大型環状貝塚のうち現存する最南端のもの。縄文中期から晩期の集落跡で、非常に遺跡の残りがよく、今後の整備が期待される。出土品は袖ケ浦《そでがうら》市郷土博物館に収蔵・展示されている（袖ケ浦市教育委員会提供）。国史

古来より人々の信仰を集めた、律令国家の東の守り香取神宮

鹿島《かしま》神宮とともに古来より武神として朝廷の崇敬が篤《あつ》く、平安時代には毎年使者が派遣され、奉幣が行われてきた。また藤原氏の氏神として、奈良の春日《かすが》大社の祭神に勧請《かんじょう》された。下総《しもうさ》国の一宮でもあるため、古代以来人々の信仰を集めていたが、祭神を経津主《ふつぬし》、または伊波比主《いはいぬし》とする史料があるなど、祭祀《さいし》の成立と展開についてはいまだ明らかではない部分も多い。

（垣中）

木造《もくぞう》十一面《じゅういちめん》観音《かんのん》立像《りゅうぞう》

明治時代の神仏分離令で廃寺となった、香取神宮の神宮寺である金剛宝寺《こんごうほうじ》の本尊仏であった。ケヤキの一木造《いちぼくづくり》で、像高3.25メートルの丈六仏。平安時代初期の作風とされることから、古代の神仏習合の影響を受けて造像されたものと考えられる。現在は香取市佐原《さわら》にある荘厳寺《しょうごんじ》観音堂に安置されている（荘厳寺所蔵。香取市教育委員会提供）。重文

海獣葡萄鏡《かいじゅうぶどうきょう》

香取神宮に伝わるもので、中国の唐代の作。奈良の東大寺《とうだいじ》の正倉院《しょうそういん》に類似品がある。正倉院および愛媛県大山祇《おおやまづみ》神社の神鏡とあわせて「日本三銘鏡」と称され、千葉県の工芸品で唯一国宝に指定されている（香取神宮提供）。国宝

香取神宮本殿《かとりじんぐうほんでん》

平安時代後半から室町時代にかけては、伊勢《いせ》神宮と同様におよそ20年ごとの遷宮の記録が残るが、戦国時代には守られなくなっていった。現在の本殿は、1700年(元禄《げんろく》13)に江戸幕府によって造営された(香取神宮提供)。重文

神崎神社《こうざきじんじゃ》と神宮寺《じんぐうじ》

神崎《こうざき》町にある神崎神社は、社伝によると白鳳《はくほう》年間にこの地に遷座し、平安時代には神階を授けられるなど、古代から神崎の地の重要な神社であるとともに、香取神宮と関係の深い神社であった(社叢は県指定)。なお、神崎神社の別当寺である神宮寺にも、平安時代後期に造像されたとみられる像高1.55メートルのカツラ材の一木造の十一面観音立像県指定が安置される(神崎町提供)。

日蓮宗の展開を現在に伝える、法華経寺と日蓮宗寺院

安房《あわ》国小湊《こみなと》(現在の鴨川《かもがわ》市)に生まれた日蓮《にちれん》は、法華経を至上ととらえ、「南無妙法蓮華経《なむみょうほうれんげきょう》」の題目《だいもく》を唱えることで救われる教えを説いた。その教えを信じ支援した千葉氏家臣の富木常忍《ときじょうにん》らが下総《しもうさ》国府に近い領地に建てた持仏堂《じぶつどう》が、今日、市川市中山にある法華経寺となる。日蓮真筆の国宝『立正安国論《りっしょうあんこくろん》』『観心本尊抄《かんじんほんぞんしょう》』をはじめ、多数の典籍・仏像などを伝える屈指の名刹《めいさつ》である。（植野）

石造三層塔《せきぞうさんそうとう》
日蓮誕生地に建つ誕生寺に所在。阿蘇山《あそさん》系の石から九州の石工が制作し、南北朝時代に奉納された。元寇《げんこう》によって九州に土着した九州千葉氏が奉納したものと考えられる(鴨川市。筆者撮影)。市指定

法華経寺聖教殿《ほけきょうじしょうぎょうでん》
関東大震災後の1926年(大正15)に起工した鉄骨鉄筋コンクリート造《づくり》の宝蔵。日蓮真筆の文化財などを保管している。設計は建築家の伊東忠太《いとうちゅうた》(1867～1954)(筆者撮影)。

法《ほ》華《け》経《きょう》寺《じ》祖《そ》師《し》堂《どう》

宗祖日蓮を祀《まつ》る祖師堂は、江戸時代中期の1678年（延宝《えんぽう》６）に上棟《じょうとう》された。間口《まぐち》７間、奥行《おくゆき》７間の大規模な仏堂である。薄い板で覆う柿葺《こけらぶ》きの屋根は、前後に平行した２つの棟をもつ全国でもまれな比《ひ》翼《よく》入《いり》母《も》屋《や》造《づくり》である。祖師堂は伽藍《がらん》の中心であり、初詣でや寺の行事では多くの参詣客でにぎわう（千葉県観光物産協会提供）。**重文**

飯《いい》高《だか》檀《だん》林《りん》講《こう》堂《どう》

1651年（慶安《けいあん》4）に建立された間口14間、奥行９間の大講堂。県内最大の重要文化財建造物で、毎年秋には講堂をステージとした飯高檀林コンサートが開催される（匝瑳市観光協会提供）。

重文

飯高檀林跡

飯高檀林は1573年（天正《てんしょう》元）に開創され、明治の学制発布で廃止された日蓮宗の学問所。講堂、鐘楼《しょうろう》、鼓楼《ころう》、総門《そうもん》の４棟は国重文に指定されている。また、境内には「立正大学発祥の碑」が建つ（匝瑳市。筆者撮影）。**県指定**

房総随一の近世城郭佐倉城と、千葉氏・里見氏ゆかりの城

県内には、消滅したものを含めて一〇〇〇を超える中近世の城跡が確認されている。房総《ぼうそう》の城には均整な石垣や壮麗な天守はないが、舌状台地や丘陵の尾根、河川や懸崖《けんがい》などの自然地形を巧みにいかした土づくりの城が多い。

なかでも幕末まで多くの老中を輩出した佐倉藩の佐倉城は、本丸、空堀、水堀、土塁《どるい》などが残り、房総随一の近世城郭の偉観をとどめている。

（植野）

本《もと》佐《さ》倉《くら》城《じょう》跡《あと》（南方より）

文明《ぶんめい》年間（1469～87）に佐倉千葉氏の輔胤《すけたね》・孝胤《のりたね》代に築城された。香取《かとり》の海に面した台地に築かれた大規模な土の城である。1590年（天正《てんしょう》18）の小田原合戦で廃城となった（酒々井町・佐倉市。酒々井町教育委員会提供）。国史

佐《さ》倉《くら》城《じょう》跡《あと》の馬《うま》出《だし》（復元）

千葉氏一族の鹿島幹胤《かしまもとたね》の鹿島城を、1610年（慶長《けいちょう》15）に佐倉に入封した土井利勝《どいとしかつ》が近世城郭に築き上げた。画像は三の丸入口を守る馬出で、国立歴史民俗博物館建設時に復元された。本来深さが5.6メートルある空堀は遺構保存のため3メートルで復元されている（佐倉市。国立歴史民俗博物館・佐倉市提供）。市指定

岡《おか》本《もと》城《じょう》跡《あと》

南房総市富浦町豊岡に所在。地元の領主岡本氏の居城であったが、天正年間には里見義康《よしやす》が城主となった。海岸そばの丘陵に位置し湊を取り込んだ海城としての性格をよく示している。稲村城跡とともに「里見氏城《さとみししろ》跡《あと》」として国史跡に指定（南房総市。南房総市教育委員会提供）。国史

稲《いな》村《むら》城《じょう》跡《あと》の切《きり》岸《ぎし》

里見義通《さとみよしみち》、義豊《よしとよ》のときの本城といわれる。里見氏は当主が変わるたびに本城を替えたが、その特徴は、湊《みなと》や水運に利した海城が多く、要所に石積みがあり、敵を防ぐために丘陵を垂直に掘り込む切岸が見られる。稲村城は館山平野を見渡せ、主郭は盛り土によって平坦部とし、その東と南側には土塁が、北と西側の斜面にある切岸が見られる（館山市。館山市教育委員会提供）。国史

文化財で見る　日本史のなかの千葉県

伊能忠敬を生んだ「水郷の町」佐原の町並み

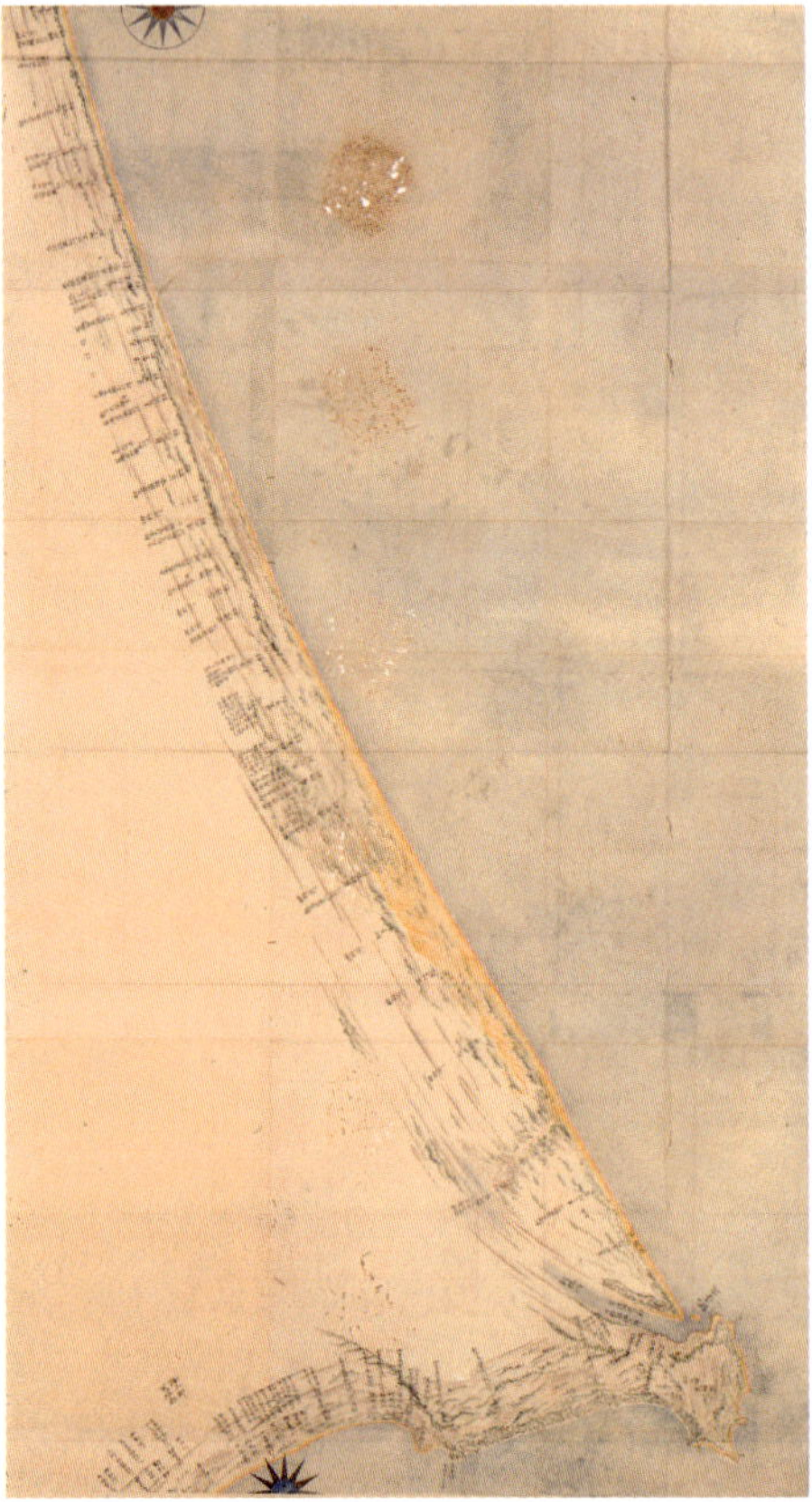

利根川《とねがわ》下流の右岸に位置する佐原《さわら》村は、河岸として下総《しもうさ》と常陸《ひたち》の中継地であり商業活動が盛んな在郷町であった。利根川へ注ぐ小野川を境に本宿と新宿に分かれ、本宿組の名主《なぬし》役を務めた伊能忠敬《いのうただたか》の家は河岸問屋をはじめ米穀商や醸造業を多角的に営む商家で、佐原はそうした旦那《だんな》衆を中心に地域運営をしていた自治的な町場であった。（米谷）

伊《い》能《のう》忠《ただ》敬《たか》像《ぞう》

忠敬唯一の肖像画で、忠敬死後、孫の忠誨《ただのり》が「大日本沿海輿地全図」を幕府に献上する際、忠敬の弟子青木勝次郎に描かせたものと伝わる。国宝

伊《い》能《のう》忠《ただ》敬《たか》関《かん》係《けい》資《し》料《りょう》

画像は、伊能大図（九十九里浜・銚子《ちょうし》半島から鹿《か》島灘《しまなだ》部分。右ページ）と測量用具（杖先方《つえさきほう》位盤《いばん》）。伊能家が保管してきた「伊能忠敬関係資料」は1957年（昭和32）に重要文化財となり、その後、地図・絵図類、文書・記録類、書状類、典籍類、器具類など2345点の資料群は香取市へ寄贈され、2010年（平成22）に国宝に指定された（左右写真ともに伊能忠敬記念館所蔵）。国宝

本《ほん》橋《はし》元《もと》の町《まち》並《な》み（古写真）

忠敬橋（当時は協橋）から本宿地区を臨む（右奥は三菱館）。佐原には今なお土蔵造りの建物が多く残されている。1996年（平成８）に関東地方で最初の重要伝統的建造物群保存地区に選定された（1931年撮影。香取市教育委員会提供）。

伊《い》能《のう》忠《ただ》敬《たか》旧《きゅう》宅《たく》

伊能忠敬を輩出した伊能三郎右衛門家は佐原の町並みの中心を流れる小野川沿いに建ち、その対岸に伊能忠敬記念館が1998年（平成10）に設立された。記念館では伊能図をはじめとする国宝「伊能忠敬関係資料」を常設展示している（千葉県観光物産協会提供）。国史

文化財で見る　日本史のなかの千葉県

歌舞伎との縁で江戸庶民の参詣が盛んに。「成田のお不動さま」新勝寺

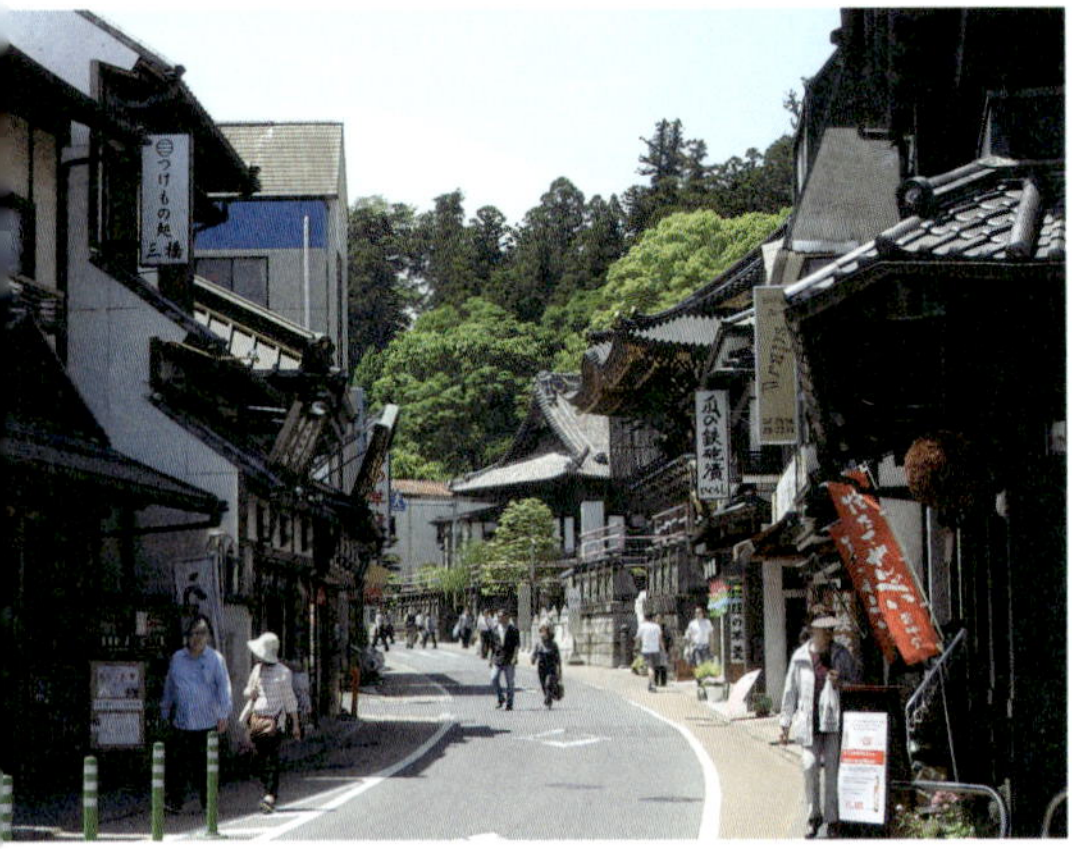

成田《なりた》山《さん》表《おもて》参道《さんどう》
参詣客の増加とともに18世紀初めから成田村で煮売渡世を行う者が現れるようになり、その後、居酒、小間物、旅籠《はたご》などが19世紀にかけて登場し、新勝寺の門前町は飛躍的に発展していく（成田市観光協会提供）。

古代の東国地方を揺るがした平将門《たいらのまさかど》の乱の平定を祈願して、朱雀《すざく》天皇の勅命を受けた寛朝《かんちょう》大僧正が京都神護寺《じんごじ》の不動明王を持って下総《しもうさ》に下ったのが、新勝寺《しんしょうじ》の開山とされる（乱の平定後、神護新勝寺となる）。近世には江戸での出開帳《でがいちょう》を積極的に行うことで、多くの人々の信仰を集め成田山新勝寺の名で広く知られるようになった。（米谷）

成《なり》田《た》山《さん》新《しん》勝《しょう》寺《じ》の三《さん》重《じゅうの》塔《とう》

（成田山新勝寺提供）重文

『暫《しばらく》の図《ず》』

初代市川團十郎は成田山に祈願し、跡取り誕生が叶《かな》ったことでこの霊験を喜び、1695年（元禄8）に「成田山不動明王」を初演した。以降、不動の役は市川家の十八番《おはこ》となり屋号も成田屋と称するようになった。画像は七代目團十郎（新川斎万太郎画。成田山霊光館所蔵）。

『成《なり》田《た》山《さん》開《かい》帳《ちょう》参《さん》詣《けい》群《ぐん》集《しゅう》之《の》夕《ゆう》景《けい》』

成田村の真言宗寺院だった新勝寺は、1703年（元禄《げんろく》16）に初めて江戸深川永代寺《えいたいじ》（富岡八幡宮）で出開帳を行って以降、何度も出開帳を行い人々の信仰を集めていった。画像は1856年（安政《あんせい》3）の出開帳を描いたもの（歌川国郷画。船橋市西図書館所蔵）。

新《しん》勝《しょう》寺《じ》額《がく》堂《どう》

多くの参詣客が訪れる成田山は、額堂が書画や工芸、和算の額絵馬などを奉納展示する公開の場として活用された。1861年（文久《ぶんきゅう》元）に建立されたもので近世の信仰・文化を表す作品が多数残されている（成田山新勝寺提供）。

重文

文化財で見る　日本史のなかの千葉県

内陸水運の最盛期をもたらした利根運河

利根川《とねがわ》と江戸川は、明治以降も重要な交通路であった。関宿《せきやど》近辺の浅い水深を回避して約四〇キロの航路を短縮し、両河川のバイパスとなる利根運河が開通したのは一八九〇年(明治二十三)。オランダ人技師ムルデルの指導により完成したわが国初の西洋式運河は、開通翌年に約四万近い通船数を誇った。しかし、千葉県内にも鉄道が開業すると、貨客輸送の主役は陸運に移っていった。(豊川)

興風会館《こうふうかいかん》

1929年(昭和4)竣工。大講堂や地下ギャラリーなどを有し、戦前の野田の繁栄ぶりを伝える。野田は銚子と並ぶ千葉県を代表する醤油の町であり、戦前も水運や陸運を通じて東京との交易は盛んであった(筆者撮影)。登録

現在《げんざい》の利根運河《とねうんが》

現在は、運河駅近くの約2.4ヘクタールが水辺公園として整備されている利根運河は、その土木技術を後世に伝えるため、土木学会の「選奨土木遺産」、経済産業省の「近代化産業遺産」にそれぞれ認定されている(筆者撮影)。

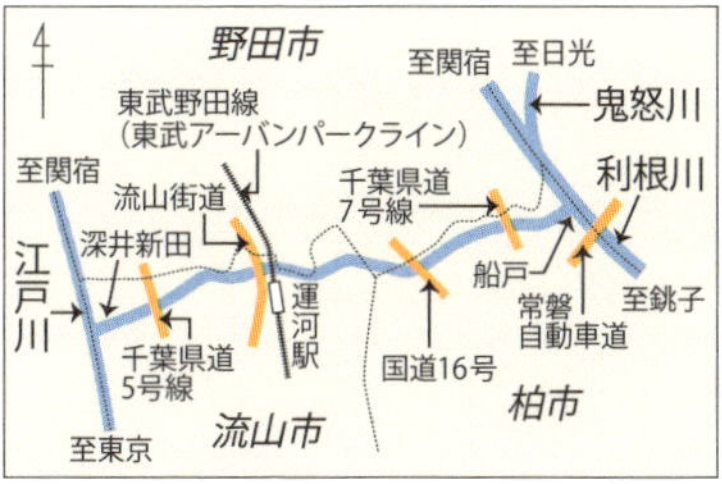

現在《げんざい》の利根《とね》運河《うんが》平面図《へいめんず》(概略)

全長8キロ余の運河の開通で東京と銚子間の直行便も運航したが、速達性は後発の鉄道に及ぶべくもなかった。利根運河も1941年(昭和16)の台風で壊滅的被害を受け、交通路としての役割を終えた(筆者作成)。

三菱《みつびし》銀行《ぎんこう》佐原《さわら》支店《してん》旧本館《きゅうほんかん》

(佐原三菱館)

利根川水運で栄えた佐原(現香取市)の戦前を代表する西洋建築物。川崎銀行佐原支店として1914年(大正3)に竣工。その後三菱銀行佐原支店となり、のち市に寄贈され、内部は一般公開されている(筆者撮影)。県指定

千葉の大地の成り立ちがわかる 地質遺産

房総半島の北部から中央部には比較的新しい更新世《こうしんせい》の地層が広く分布する一方、南部にはより古い中新世の地層が、東端の犬吠埼《いぬぼうさき》には中生代《ちゅうせいだい》白亜紀《はくあき》の地層がみられる。こうした特徴は半島が乗る北米プレートに南からフィリピン海プレートが、さらに東から太平洋プレートが沈み込むという複雑な動きが関係している。このような特徴をあらわす地層は「千葉の地層一〇〇選」に選定されている。（吉野）

犬吠埼《いぬぼうさき》の白亜紀浅海堆積物《はくあきせんかいたいせきぶつ》

白亜紀の浅い海で形成された地層。海底で生物が生活した跡がみられる。アンモナイトなどの化石を産出する。砂岩層から切り出された「銚子石」は、江戸時代には砥石として江戸で使用された。屏風ケ浦《びょうぶがうら》（国名 国天）、古銅輝石安山岩《こどうきせきあんざんがん》保存公園（県登録）なども含めた銚子ジオパークとして日本ジオパークに認定されている（銚子市提供）。国天

＊更新世：約260万年前～1万年前。白亜紀：1億2000万年前。

木《き》下《おろし》貝《かい》層《そう》

約12万年前に関東平野に広がっていた古東京湾に堆積した貝化石を多量に含む砂層。トウキョウホタテなどの絶滅種も含まれる。固まった貝化石層は石材として古墳の石室などに用いられた(千葉県教育委員会提供)。国天

鋸《のこぎり》山《やま》の「房《ぼう》州《しゅう》石《いし》」

房州石は、約200万年前の火山噴出物を主とした凝灰質《ぎょうかいしつ》砂岩《さがん》〜礫岩《れきがん》。明治以降、首都圏での石材需要の増加にともない盛んに採掘された。石切場が集中する山頂付近は、切り立った岩肌が露出する独特の景観となる。日本遺産候補地(千葉県教育委員会提供)。

保《ほ》田《た》層《そう》群《ぐん》のカオス層《そう》

約1800年前、プレートの沈み込みによって海溝付近にできた地層が、陸側に押しつけられてできた「付加体」を構成する地層。断層によってズタズタに分断され飛び飛びに分布し、混沌とした様子となっている(千葉県教育委員会提供)。

白《しら》浜《はま》の海《かい》底《てい》地《じ》すべり堆《たい》積《せき》層《そう》

約200万年前の海底地すべりの跡。地層が巨大なブロックに分かれ上下逆さまになっていたり、変形して湾曲したりしている。県天然記念物の「白浜の屏風岩」は同時期のもので、褶曲《しゅうきょく》により地層が垂直に立ったもの(千葉県教育委員会提供)。

1章 国内最多の縄文貝塚が語るもの

縄文時代の千葉県は、北側の古鬼怒湾と西側の東京湾という二つの内海に面し、穏やかな海の幸を享受し、国内に類を見ない貝塚集中地帯であった。二つの内海の沿岸で形成された異なる独自の貝塚文化を探る。

旧石器時代の千葉県

日本列島において人類が生活した痕跡が認められるのは、約三万九〇〇〇年前に遡る。そこから縄文時代が始まる約一万五五〇〇年前までが旧石器時代である。千葉県においては、台地や丘陵上に堆積した関東ローム層の最上部に堆積している立川ロームの中から、旧石器時代の石器が出土する。この時期は、最終氷期(地球上で最後に訪れた氷河期)の最終段階の最寒冷期に相当し、現代と比べて非常に寒冷で、気候変動も激しかった。日本列島の高山地帯には氷河が発達し、海水面は現在よりも一二〇メートル低かった。人々は小さなグループをつくり、ナウマンゾウやオオツノジカといった大型哺乳類を追って移動しながら、狩猟する生活を送っていたと考えられている。

千葉県では、発掘調査で発見される旧石器時代人の生活痕跡は石器、礫《れき》、わずかな木炭などに限定され、骨などの有機物や住居跡などの遺構もほとんど発見されない。私たちが旧石器時代の暮らしを知る方法は、ほぼ石器の分析だけといってよい。千葉県は、良質な石材が採れる場所がきわめて少ない地域である。そのため黒曜石や安山岩といった石材は、栃木県北西部産や長野県産の石材が房総《ぼうそう》半島にもたらされてきた。

墨古沢遺跡環状ブロック群調査区全景（酒々井町教育委員会提供）国史

旧石器時代の千葉県を代表する遺構として、環状ブロック群というものがある。「ブロック」とは、石器がまとまって出土する地点のことで、この地点が環状に巡っているものをこのように呼ぶ。環状ブロック群は、後期旧石器時代初期にみられる遺構で、全国でも約一五〇カ所発見されているが、千葉県においてはその約三分の一にあたる約五〇カ所がある。

そのなかでも代表的なのが、約三万四〇〇〇年前に営まれた酒々井《しすい》町の**墨古沢《すみふるさわ》遺跡**であり、直径約六五メートルで、全国でも最大級の大きさであることから、国指定史跡に指定されている。なによりも特筆すべきは、旧石器時代の遺跡は、内容が明らかになっている事例のほとんどが、開発にともなう発掘調査により石器が取り上げられているため現地に何も残されていないのに対し、この遺跡は、全体の六五パーセントが現地に残されている点にある。環状ブロック群の性格については、石器を作った痕跡を住居の跡と評価し、旧石器時代の集落跡であると想定されている。小規模の集団で移動生活を送る人々が、短い期間に、狩りのために集まってキャンプをした跡かもしれない。この遺跡は酒々井パーキングエリア(PA)に隣接し、環状ブロック群の一部がPAの緑地帯内にあるため、PAと連携した整備・活用が検討されている。

貝塚文化の始まり

千葉県は、縄文貝塚の数は七三三件であり国内最多を誇る。日本列島で貝塚が多く分布する地域は、湾や海跡湖の周辺地域であり、とくに東京湾に面したエリアと、霞ケ浦《かすみがうら》や印旛沼《いんばぬま》を含む現利根川《とねがわ》水系のエリア(「古鬼怒湾《こきぬわん》」と呼ぶ)に多い。その二つのエリアに面しているため、千葉県には貝塚が多いのである。この二つの地域は、縄文時代には異なる環境の広大な内海であり、形成された貝塚の様相に大きな違いがある。

東京湾、古鬼怒湾ともに、旧石器時代には大きな谷になっており、その谷底を河川が流れていた。約一万一〇〇〇年前頃から地球全体の気候が暖かくなりはじめ、氷河として地上にあった氷が解け、その水が海に流れ込んだことにより、海水面が上昇しはじめた。地球の気候は何度かの寒冷な時期を挟みながら暖かくなり、海水面の上昇は約六〇〇〇年前の縄文時代前期後半にピークを迎える。この現象を「縄文海進」と呼ぶ。このような経過を経て、古東京湾と古鬼怒湾は巨大な内海となった。

日本列島で土器が使われはじめたのは約一万五五〇〇年前頃と考えられており、この時点をもって縄文時代が始まったと解釈している(縄文草創期)。しかしそれから約一万一三〇〇年前までの約四二〇〇年間は、木葉形尖頭器《もくようけいせんとうき》や有舌《ゆうぜつ》尖頭器といった石器を使用し、出土する土器も少ない時期である。この時期の気候はのちの時期と比べるとまだ寒冷で、旧石器時代と同じような生活を送っていたと考えられている。

西の城貝塚の貝層観覧施設(神崎町まちづくり課提供)

続く縄文時代早期になると、本格的に温暖な気候となり、海水面が上昇し、内海が広がりはじめる。千葉県のなかでももっとも古い貝塚は、古鬼怒湾沿岸の**西《にし》の城《じょう》貝塚**(神崎《こうざき》町。県史跡)である。約一万一〇〇〇年前の縄文時代早期最初期、撚糸文《よりいともん》土器の時期の貝塚で、貝層を構成する貝類は、ほとんどが河川の河口などで採れるヤマトシジミで占められる。この頃には、人々がアプローチできる場所にヤマトシジミが採れる汽水の干潟が現れたのだろう。

また貝層の下からは竪穴《たてあな》住居跡が発見されており、これは千葉県内におけるもっとも古い縄文時代の住居跡の一つである。早期には、気候の温暖化にともない雨が多くなったため、地上の土砂が、大量に海に流れ込んだ。その結果、早期の後半になると河口や湾に、貝類が多く生息する干潟や浜が発達した。早期の後半(約七〇〇〇年前)には、印旛沼周辺にも、上座《じょうざ》貝塚(佐倉市。県史跡)などの貝塚が数多く形成された。これらの貝塚から出土する貝類は、河口から干潟で採れるマガキやハイガイが多い。なおハイガイは、現在では三河《みかわ》湾以南に生息する種類で、当時の気候が現在よりも暖かかったことを示している。

東京湾沿岸でもっとも古い貝塚は、早期前半(約一万年前)の船橋市の**取掛西貝塚《とりかけにし》**(船橋市。国史跡)で、貝層の貝類は、やはりほとんどがヤマトシジミである。取掛西貝塚はこの時期としては大規模な集落跡で、竪穴住居跡が五八軒発見されている。早期後半の飛ノ台《とびのだい》貝塚(同。市史跡)では、「炉穴《ろあな》」と呼ばれる屋外で使われた炉が多数発見されている。炉穴は、長楕円形に地面を掘り込んで作られており、底面の片側に火を焚《た》いた跡がある。この時期の遺跡を発掘すると、たくさんの炉穴が発見される。痕跡の残らない簡易な家に住み、屋外で煮炊きする生活を想像することができる。早期後半になると遺跡数が増加し、古鬼怒湾、古東京湾沿岸ともに貝塚が増える。

二つの内海の貝塚文化——縄文中期

海水面がもっとも上昇する縄文時代前期の貝塚は、古鬼怒湾、古東京湾ともに湾奥の方に多い傾向にあり、千葉県域でも北西部に偏る。湾内各地に再び貝塚が形成されるのは、日本列島が徐々に寒冷化し、海水面が低下する中期になってからである。中期中頃(約五〇〇〇年前)になると、古鬼怒湾の広い範囲で、斜面を貝殻で埋め尽くすような大貝塚が形成される。その代表的なものが香取《かとり》市の阿玉《あたま》台《だい》貝塚(国史跡)で、貝層はハマグリ、サルボウ、シオフキ、アカニシといった、内海の砂底から砂泥

姥山貝塚 国史

底の海で採れる貝類によって構成される。

　古東京湾においても、この時期に大規模な貝塚が作られるようになる。この地域の貝塚の特徴は、直径一〇〇メートルを超えるような大型の環状貝塚だ。環状貝塚は、台地の上に貝層がドーナツのように巡るのが特徴で、貝層部分が高く盛り上がるのに対し、貝層がない遺跡の中央部分は凹地状になっているものが多い。規模が大きなものは貝層の厚さが二メートルを超える。古東京湾沿岸では中期中頃から晩期に至るまで環状貝塚が作られる。中期の代表的な例は千葉市の加曽利北《かそりきた》貝塚(特別史跡)、荒《あら》屋敷《やしき》貝塚、市川市の**姥山《うばやま》貝塚**(いずれも国史跡)だ。これらは、貝層を構成する貝類のうち九〇パーセント以上がイボキサゴという直径二センチ程度の巻貝で占められるという共通する特徴がある。イボキサゴは身を取り出して食べるのにはあまりにも小さいため、縄文土器を用いた鍋料理のようなものの出汁《だし》として使用されたと考えられている。イボキサゴを多く利用する食文化は、日本列島でも他に類を見ないこの地域独特のものであり、東京湾型の縄文貝食文化と呼ぶべきものだろう。

　東京湾沿岸の中期の大規模集落は、「環状集落」と呼ばれる、住居跡が環状に巡るように分布するタイプの集落跡である。とくに規模が大きなものからは一〇〇軒以上の住居跡が発見されるが、これは長い年月の間に何度も住居が建て替えられた結果である。住居跡が廃絶された後に貝殻や動物遺体や土器や石器などが廃棄されつづけると住居跡の中に貝層が形成され、それが長い間続けられた結果、環状貝塚になったとみられる。

縄文時代の貝塚はゴミ捨て場だといわれるが、必ずしもそれだけではない。廃屋内の貝層の下からは丁寧に埋葬された縄文人骨が出土する場合もあり、貝層の中や上からも住居跡が見つかる。貝塚は人々の生活の場であるとともに、人々が採って食べた動物、壊れた土器・石器などの道具類、さらには亡くなった家族の再生を願う祈りの場でもあったと考えられている。

影響しあう二つの内海の貝塚文化――縄文後晩期

縄文後晩期(約四五〇〇～二三〇〇年前)になると気候は寒冷化し、海水面は降下した。海岸線は沖に遠のき、内海沿岸は汽水域が拡大した。東京湾沿岸では、中期と同様に環状貝塚が営まれる。千葉市の加曽利南貝塚(特別史跡)をはじめ、野田市の山崎貝塚、市川市の曽谷《そや》貝塚、袖ケ浦《そでがうら》市の**山野《さんや》貝塚**(いずれも国史跡)といった直径が一〇〇メートルを超えるような巨大な環状貝塚が東京湾東岸に広く分布する。

一方、古鬼怒湾の湾奥部には、湾奥部においてヤマトシジミが生息する汽水域が拡大したとみられ、ヤマトシジミが九〇パーセント以上を占める貝塚が多く分布するようになり、とくに印旛沼周辺に多い。これらの遺跡で注目すべきは、凹地を中心として高まりが巡る、東京湾の環状貝塚によく似た姿の遺跡がみられる点である。高まりの下には住居跡が埋もれており、貝層をもつものもある。代表例である佐倉市の井野長割《いのながわり》遺跡(国史跡)は、マウンド状になった高まりをもつ「環状盛土《もりつち》遺構」と呼ばれる遺跡として知られる。栃木県小山《おやま》市の寺野東《てらのひがし》遺跡(国史跡)など、内陸部まで広く分布するこの時期を特徴づける盛土をもつ集落跡で、環状貝塚との関係も含めて今後の研究が注目される。

その一方で、古鬼怒湾の湾口部近くにある銚子《ちょうし》市の**余山《よやま》貝塚**(市史跡)は、外海に面した浜で採れるチョウセンハマグリ、ダンベイキサゴなどが多く、千葉県では希少な外洋性の貝塚である。この遺跡からは未完成品も含む貝輪(貝製の腕輪)が多く出土することから、貝輪製作に関係した遺跡と考えられており、水運により湾奥の遺跡に流通したとの学説もある。また銛《もり》や釣り針などの骨角製漁具が多く出土するなど、縄文人による外海へのアプローチを感じさせる点も含め、千葉県の貝塚のなかでは異質である。

余山貝塚(銚子ジオパーク提供) 市指定

余山貝塚より湾奥にある香取市の**良文《よしぶみ》貝塚**(国史跡)は、この地域の中期貝塚と同様に、谷や台地斜面にいくつも大規模な貝層をもつ遺跡だが、貝層はハマグリ、サルボウなどの内海の貝類を中心としつつも、外洋のチョウセンハマグリも含まれており、この遺跡を営んだ人々の広域での活動を想像させる。このように古鬼怒湾の後晩期の遺跡は、その湾奥部と湾口付近ではまったく異なる姿をみせる一方で、東京湾沿岸も含めた広域での人々の交流が推測され、今後の研究が注目される。(吉野)

堀《ほり》之《の》内《うち》貝《かい》塚《づか》

↓P21

日本考古学の歴史を彩る縄文貝塚

堀之内貝塚は縄文後期から晩期の馬蹄《ばてい》形貝塚で、東西二二五×南北一二〇メートル。やせ尾根斜面に大規模な貝層が形成される。後期「堀之内式土器」の標式遺跡。隣接する市立市川考古博物館に展示がある。千葉県の貝塚は明治時代以降、研究の対象となり多くの発掘調査が行われた。そのため縄文土器形式の標式遺跡が多い。

代表的なものとして阿玉台《あたまだい》貝塚(中期、阿玉台式)、加曽利《かそり》貝塚(中期の加曽利E式、後期の加曽利B式)、曽谷《そや》貝塚(後期、曽谷式)、山武姥山《さんぶうばやま》貝塚(晩期、姥山式)、荒海《あらみ》貝塚(晩期、荒海式)などがある。

市川市観光協会提供

DATA
国史 市川市堀之内

西《さい》広《ひろ》貝《かい》塚《づか》出《しゅつ》土《ど》骨《こっ》角《かく》貝《かい》製《せい》装《そう》身《しん》具《ぐ》

↓P19

おしゃれな縄文人が愛した骨や貝のアクセサリー

東京湾東岸の縄文貝塚から出土する骨角貝製品の代表例。この地域の骨角貝製品は、釣り針や銛頭《もりがしら》などの利器は少なく、玉類や垂飾《すいしょく》などの装身具が多いことが特徴。骨角製品には、サメ、ウミガメ、カモ、シカ、イノシシ、イルカ、アシカなどさまざまな動物の骨、角、歯牙が利用されている。とくに南の海産のオオツタノハ、タカラガイ、イモガイなどの多彩な貝製品は目をみはり、これらは市原歴史博物館に収蔵・展示されている。同博物館にはこのほかに、イノシシ形土製品二点を含む能満上小《のうまんかみこ》貝塚出土土製品(県指定)も所蔵している。

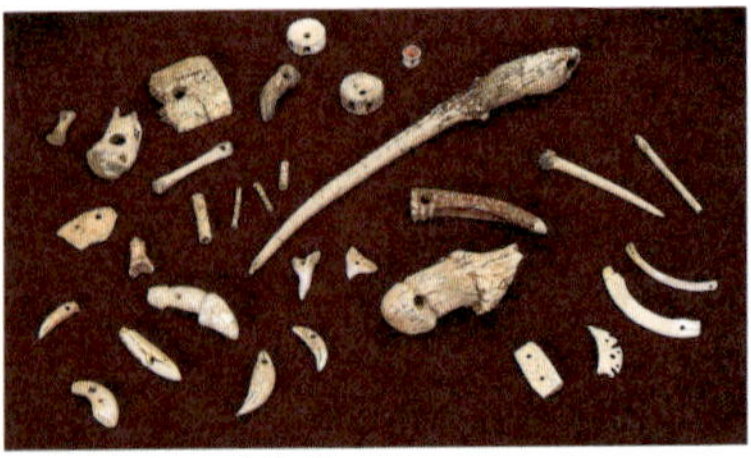
市原市教育委員会提供

DATA
県指定 市原市能満（市原歴史博物館）

取《とり》掛《かけ》西《にし》貝《かい》塚《づか》

➡P20

東京湾東岸最古の貝塚をともなう集落跡。早期前半の貝層からはイノシシ頭骨が並んで出土し、祭祀《さいし》跡の可能性も。この時期としては県内最大級の集落跡。出土品は船橋市飛《とび》ノ台《だい》史跡公園博物館に展示。

DATA
国史 船橋市飯山満町

幸《こう》田《で》貝《かい》塚《づか》

➡P21

縄文時代前期の貝塚をともなう集落跡。これまで竪穴住居跡が一六〇棟以上発見されている。遺跡の一部は公園となっており、出土品は重要文化財に指定され、松戸市立博物館で収蔵・展示されている。

DATA
市指定 松戸市幸田

有《あり》吉《よし》南《みなみ》貝《かい》塚《づか》

➡P18

東京湾沿岸の中期の大規模貝塚。集落の主要部分が有吉貝塚公園に保存。隣接する北貝塚も発掘調査で集落の全容が明らかとなっている。出土した鯨骨製篦《へら》状腰飾(県有形)が県立中央博物館に展示。

DATA
千葉市緑区おゆみ野中央 ※出土品 県指定 は県立中央博物館に展示。

山《さん》野《や》貝《かい》塚《づか》

➡P24

小櫃川《おびつがわ》流域に位置する後期〜晩期の集落遺跡。直径約一一〇メートルの環状貝塚で、東京湾沿岸の大規模貝塚のうち現存する最南端の事例。内海性の魚種に加え外洋性のマダイも多く出土する。

DATA
国史 袖ケ浦市飯富 ※出土品は、袖ケ浦市立郷土博物館に展示。

良《よし》文《ぶみ》貝《かい》塚《づか》

➡P22

古鬼怒《こきぬ》湾沿岸を代表する後期貝塚。出土した香炉形顔面付土器(県有形)は著名。一・四キロ西側には中期の阿玉台貝塚(国史跡)があり、貝殻が散らばる様子を見ることができる。

DATA
国史 香取市貝塚ほか ※出土遺物は、まほろばの里田園空間博物館(➡P22)に展示。

余《よ》山《やま》貝《かい》塚《づか》

➡P22

古鬼怒湾の湾口部に位置する後晩期の外洋性貝塚。貝輪と骨角製漁具の出土数は県内最多で生産の拠点的集落とみられる。出土品の一部は「銚子市ジオパーク・芸術センター考古資料展示室」に展示。

DATA
市指定 銚子市余山町ほか ※展示室は銚子市八木町に所在。

コラム

もっと知りたい！深掘り千葉県史 ①

チバニアンと白尾火山灰層

チバニアンの認定

二〇二〇年（令和二）一月十七日、国際地質科学連合により、養老川《ようろうがわ》中流域にある地層「千葉セクション」が更新世《こうしんせい》前期と中期の境界を示すGSSP（国際協会模式層断面とポイント）に認定された。このことによって、地質年代のうち新生代第四期中期更新世（七七万四〇〇〇年前〜一二万九〇〇〇年前）が「チバニアン（千葉時代）」と名づけられた。世界中のGSSPには「ゴールデンスパイク」と呼ばれる金色の鋲《びょう》がモニュメントとして設置されているが、ここの地層にも、時代の境界を示す位置にゴールデンスパイクが設置されている。

養老川中流域の地層からわかること

養老川は、上総《かずさ》丘陵を北上して蛇行しながら流れ、房総《ぼうそう》半島西岸のほぼ中央部で東京湾に流れ込んでいる。上総丘陵は新生代更新世に深い海の底で堆積した地層が地殻変動により隆起してできており、砂泥質の軟らかい地層は浸食されやすいことから、養老川の上流から中流には川底の両側に崖がそびえ立つ独特な地形が見られ、地層の観察に適した露頭が多く現れる。

養老川中流域に流れ込む支流とその合流点の河岸を含む地域に、国天然記念物「養老川流域田淵《たぶち》の地磁気逆転地層」がある。地球上ではこれまで何度も地磁気が逆転していることが明らかとなっているが、この場所には、その最後の地磁気逆転現象が起こった七七万年前の記録が良好に保存されているのだ。指定範囲のうち養老川沿いの露頭では、地磁気の逆転境界付近に現在の御嶽山《おんたけさん》付近から飛来した「白《びゃく》尾《び》火山灰層」が見られる。逆転していた地磁気が現在の向きに戻った時期と火山灰が降下した時期が近いため、地磁気が逆転した時期の地層を確認することができるのである。

またこの地層には花粉化石や動物化石が残されており、当時の環境や気候変動の研究が進められている。

地磁気が逆転した七七万年前の世界を地球上でもっとも

詳しく知ることができ、かつ地層を見つけることができる目印となる白尾火山灰層が存在したことから、この場所がGSSPに認定されたのである。

養老川流域田淵の地磁気逆転地層（下写真ともに市原市教育委員会提供）国天

ところで、「白尾火山灰層」の「白尾」は、指定地の南側にある地名から取られたものである。蛇行する養老川に囲まれた地形は、楽器の琵琶のような形となり、その首の部分「琵琶首《びわくび》」がなまって「びゃくび」になったといわれている。

またこの場所には琵琶首館跡という遺跡もあり、戦国末期に里見《さとみ》氏の家督争いに敗れた梅王丸が幽閉されたという伝承がある。さらに昭和初期には、この場所では、川の流れを短絡させ水が引いた川を水田にする「川廻《まわ》し」が行われている。地質学的な文化財として知られる養老川中流域には、歴史の重層性を感じさせるエピソードが残されている。（吉野）

ゴールデンスパイクと白尾火山灰層

2章 初期ヤマト政権と房総

房総半島には、弥生時代中期に西関東から東京湾沿岸に稲作などの先進文化が伝わり、社会が大きく変化した。古墳時代中期には、畿内とのつながりをもった上総地域東京湾沿岸に巨大前方後円墳が築かれた。やがて古墳時代後期には、この地域独自の文化が花開く。

房総半島における水田稲作の始まり

房総《ぼうそう》半島では、西日本において弥生時代が始まった紀元前一〇世紀中頃の遺跡は、数が少ないうえに集落跡がほとんど発見されない。縄文時代晩期後半から弥生時代中期にかけて、この地域は、人口が極端に少ない時期だったと考えられる。

弥生時代前半の遺跡からは、壺《つぼ》型土器を用いた「再葬墓」と呼ばれる墓が発見される。遺体を一度埋葬し骨になったものを再び埋葬した墓で、日本列島の東側、東北地方から関東地方、中部地方にみられる縄文時代から続く風習であったと考えられる。代表的なものとして下総《しもうさ》地域の東部に位置する多古《たこ》町の塙台《はなわだい》遺跡で、六四基の再葬墓が発見されており、弥生時代中期前半の土器や管玉《くだたま》(県有形)が出土している。西日本において水田稲作が行われている時期だが、房総半島では縄文時代から続く伝

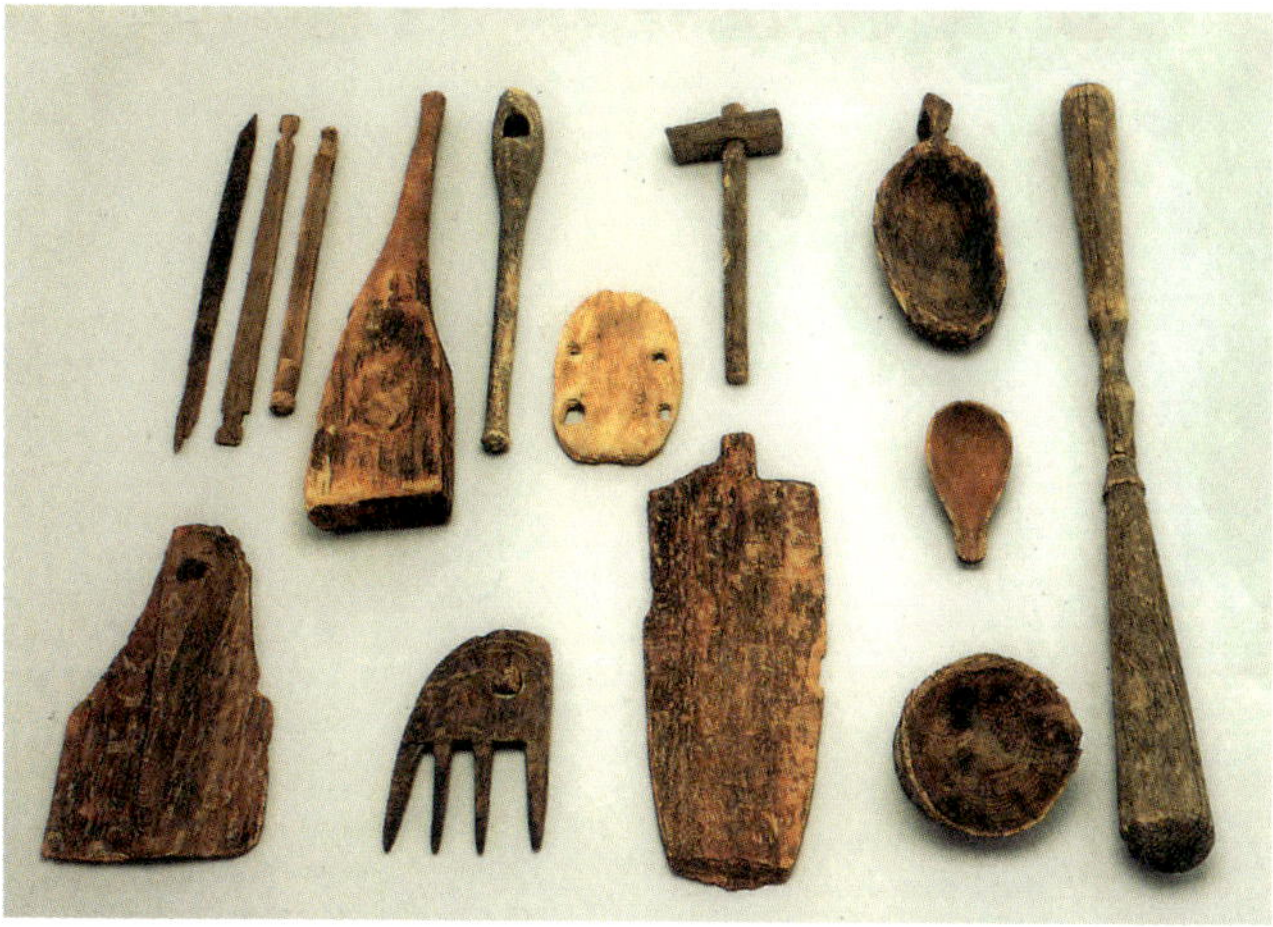

常代遺跡出土の木製品（君津市教育委員会提供）県指定

統的な生活を続けていたと考えられる。

　房総半島に水田稲作が伝わったのは弥生時代中期後半と考えられる。この時期の君津市の**常代遺跡**《とこしろ》では、同時期の幅二〇メートル、深さ四メートルの河川の跡には、取水のための堰《せき》が見つかっており、さらに平鍬《ひらぐわ》、横鍬、田下駄、大足などの木製の農具を含む約五〇〇〇点の木製品が出土しており、河川の水を用いた水田稲作が行われていたことを示している（県有形）。

　房総半島における確実なもっとも古い水田稲作の痕跡は、弥生時代後期前半、木更津市の芝野遺跡から発見された水路と小区画水田である。遺跡は小櫃《おびつ》川《がわ》によって形成された自然堤防上から後背湿地に面した平野に位置し、用排水を整備し、水田稲作が行われていたことが明らかになっている。

　このような稲作の痕跡は、上総《かずさ》地域の東京湾沿岸南部において見つかっており、東京湾対岸の西関東や東海地方から海を渡って伝わったと考えられる。

弥生時代中期には、稲作だけでなく、環濠《かんごう》集落(周囲を濠で囲んだムラ)と方形周溝墓が房総半島に伝わる。方形周溝墓は四辺が堀で囲まれた平面形が方形(四角形)の墓で、多い場合は数十基がまとまって発見される。環濠集落と方形周溝墓は、中期後半の宮ノ台式土器の時代に房総半島をはじめ南関東全域に広がった。水田稲作も、これら西からの文化とともに房総半島各地に広がり、定着したとみられる。

巨大古墳から想像する水運を掌握した首長の姿

房総半島における古墳時代最初期の古墳は、前方後方墳である。代表例として三世紀に造られた木更津市高部三〇号墳、三二号墳がある。これら出現期の前方後方墳の成立は、東海地方からの影響が指摘されているが、高部三〇号墳、三二号墳の出土品(県有形)には、東海系の土師器《はじき》に加え手焙《てあぶり》形土器や中国鏡など畿内との関係を想起させる遺物も含まれる。その一方で市原市の神門《ごうど》古墳群の三号墳から五号墳は、長径約三三メートルの長楕円形の墳丘に前方後円墳の前方部のような張り出しがあり、前方後円墳のような形をしている。五号墳(県史跡)がもっとも古く、四号墳、三号墳の順に新しい。奈良県の纏向《まきむく》石塚古墳などと共通した平面形であることから、初期ヤマト政権との関係が注目される。

古墳時代中期は、畿内の誉田山《こんだやま》古墳、大仙《だいせん》古墳をはじめとして全国で巨大前方後円墳が造られた時代である。房総半島でも、前期の後半から上総地域の東京湾に臨む養老川《ようろうがわ》、小櫃川、小糸川《こいとがわ》といった

二子塚古墳（市原市教育委員会提供） 県指定

大規模河川の流域に、墳長一〇〇メートルを超えるような巨大前方後円墳が造られるようになる。
養老川下流域（市原市）にある姉崎古墳群のなかでもっとも古いのは前期末、四世紀後半に築造された**姉崎《あねさき》天神山《てんじんやま》古墳**（墳長一三〇メートル、県史跡）である。姉崎古墳群における最大の古墳で、県内で二番目に大きい。中期の五世紀に造られた**二子塚古墳**（墳長一一〇メートル、県史跡）は、石枕《いしまくら》（重文）をはじめとする多くの副葬品が出土している。この古墳群は、上海上国《かみつうなかみのくにの》造《みやつこ》につながる首長の墓であると推測される。中期の養老川流域には、中規模の古墳のなかにも注目すべき古墳がある。その一つ、**稲荷台《いなりだい》一号墳**（直径二八メートル、円墳）から出土した鉄剣には、金象嵌《きんぞうがん》の銘文が施されており、「王賜《おうし》」銘鉄剣と呼ばれている（市指定）。銘文にある「王」が誰を示すのかについては諸説あるが、畿内の王とするのが有力である。
木更津市の小櫃川下流域の祇園《ぎおん》・長須賀《ながすか》古墳群には、

稲荷台１号墳出土「王賜」銘鉄剣(市原市埋蔵文化財センター提供) 市指定

五世紀代に造られた高柳《たかやなぎ》銚子塚《ちょうしづか》古墳、祇園大塚山古墳など墳長一〇〇メートルを超える古墳があったが、近代の開発により消滅してしまった。祇園大塚山古墳から出土した眉庇付冑《まびさしつきかぶと》(東京国立博物館蔵)や画文帯《がもんたい》四仏四獣鏡《しぶつしじゅうきょう》(宮内庁蔵)は著名で、後者は古墳時代の鏡としては千葉県最大である。房総半島最大の古墳は、富津《ふっつ》市の小糸川下流域にある五世紀に造られた**内裏塚《だいりづか》古墳**(墳長一四四メートル、国史跡)で、南関東地方で最大でもある。小糸川流域には、五世紀後半の弁天山古墳(墳長八六メートル、国史跡)もあり、竪穴《たてあな》式石室を観察することができる。

このように、中期の大型古墳の多くは東京湾岸に位置し、畿内と関係した文物が多く出土し、ヤマト政権との強いつながりを感じさせる。そのようななか、大規模古墳のなかで唯一、五世紀中頃の三《さん》ノ分目《わけめ》大塚山古墳（墳長一二三メートル、市史跡）だけが、香取海《かとりのうみ》に臨む位置に築造されている。後円部墳頂には石棺材とみられる板石が遺《のこ》されており、長持形石棺であったことがうかがえ、やはりヤマト政権との関係が想起される。この時期の大規模古墳は、いずれも東京湾、香取海に臨む水上交通の要衝に位置している。以上のことから、ヤマト政権との関係を背景に、水運を掌握した首長の姿を想像することができる。

前方後円墳の終焉

古墳時代後期になると、千葉県全域で古墳の数が爆発的に増える。その多くが後期に造られた小規模な円墳や前方後円墳である。また、これまで大規模な古墳が少なかった香取海沿岸や太平洋沿岸にも七〇メートルを超えるような前方後円墳が造られるようになる。香取海の一部であった現在の印旛《いんば》沼《ぬま》の南岸の台地上に位置する**龍角寺《りゅうかくじ》古墳群**（国史跡）はその代表的なもので、直径一〇〜二〇メートルの小規模な円墳と全長二〇〜三〇メートルの前方後円墳が、合計一一四基密集している。

そのなかで墳長七八メートルの浅間山《せんげんやま》古墳は、七世紀前半に築造された房総半島でも最終段階の前方後円墳であると考えられている。横穴式石室からは金銅製冠飾《かんしょく》や金銅製馬具、挂甲《けいこう》が出土している（県有形）。利根川南岸にある香取市の城山古墳群は、黒部川左岸に造営された二十数基からなる古墳群である。もっとも大きな一号墳は六八メートルの前方後円墳で、六世紀中頃に築造されたとみられ、横穴式石室からは装飾付大刀、銀象嵌がある鐔《つば》、金銅製馬具に加え三角縁神獣鏡《さんかくぶちしんじゅうきょう》が出土している（県

金鈴塚古墳出土品（木更津市郷土博物館金のすず提供） 重文

有形）。

東京湾沿岸をみると、小糸川下流域には六世紀中頃に築造された九条塚古墳（墳長一〇三メートル、市史跡）、六世紀末の稲荷山古墳（墳長一〇六メートル、市史跡）、三条塚古墳（墳長一二二メートル、市史跡）といった一〇〇メートルを超える古墳を含む大小四七基の古墳が内裏塚古墳群を形成する。小櫃川流域の祇園・中須賀古墳群にも六世紀末から七世紀初頭に墳長約九五メートルの**金鈴塚《きんれいづか》古墳**が築造される。金鈴塚古墳の横穴式石室からは、さまざまな種類の飾大刀、銅鏡、鉄製衝角付冑《しょうかくつきかぶと》、金銅製馬具、金製の鈴など、多種多様な金属製品が出土している。なお中期に巨大古墳が築造された養老川流域は、後期になると大規模な古墳は造られなくなる。東京湾沿岸においても七世紀になると前方後円墳の時

左：城山１号墳出土の武人埴輪(香取市教育委員会提供。香取市文化財保存館に展示　県指定)。右：姫塚古墳出土のあごひげの男性像(奈良文化財研究所・中村一郎撮影。芝山仁王尊・観音教寺所蔵。芝山町立芝山古墳・はにわ博物館保管・提供　重文)

代は幕を閉じる。

房総半島独自の埴輪と横穴

　古墳時代後期、六世紀後半の房総半島の古墳には、個性豊かな形象埴輪《はにわ》が樹立される。下総地域、とくに香取海周辺には、「下総型埴輪」と呼ばれるタイプの埴輪が広い範囲で分布する。このタイプは表現が極端に簡素化されているのが特徴で、人物埴輪を例にとると、粘土板を貼り付けた顔面は目が細く吊り上がり鼻は粘土棒を貼り付けただけで、腕は短く指の表現もされていない。香取市の**城山《じょうやま》一号墳**の埴輪が代表例である(県有形)。

　下総地域のなかでも太平洋沿岸に近い地域では、山武《さんぶ》型埴輪と呼ばれる形象埴輪が分布しており、代表例として横芝光《よこしばひかり》町の**殿塚《とのづか》古墳・姫塚《ひめづか》古墳**(国史跡)の埴輪がある(重文)。とくに男性の武人埴輪が特徴的で、山高帽をかぶり、美豆良《みずら》を結い豊かな髭《ひげ》を蓄

長柄横穴群(長柄町提供) 国史

えている。下総地域の埴輪には、動物をかたどったものが多く、ウマ、水鳥などの一般的なものに加え、イヌ、シカ、イノシシ、さらには魚、ムササビの埴輪も発見されている。これらの埴輪は下総地域を中心に分布しているのだが、実際にどこで作られたのかはよくわかっていない。その一方で、市原市の山倉一号墳から出土した埴輪(県有形)は、埼玉県の生出塚《おいねづか》埴輪窯で作られたことが明らかになっている。生出塚埴輪窯跡の埴輪は、関東各地の古墳に運ばれ樹立されていることが知られているが、山倉一号墳のものはもっとも遠くまで運ばれた事例でもある。

古墳時代後期には、下総地域東部と上総、安房《あわ》地域の台地・丘陵斜面に、横方向に墓穴を掘り込んだ「横穴《よこあな》」と呼ばれる墓が盛んに作られ、斜面に複数がまとまって掘り込まれる横穴群を形成する。代表的な事例は、長柄《ながら》町にある**長柄横穴群**で、羨道《せんどう》よりも玄室《げんしつ》が一・五〜二メートル高い「高壇式《こうだんしき》」と呼ばれる、東上総地域独特の横穴を見ることができる。玄室には複数の棺座が設けられるものもあり、一基の横穴に複数の遺体が埋葬されていた。また第十三号横穴の玄室には、鳥、人物、家、船を操る人物、五重塔などの線刻画が描かれていることも注目される(国史跡)。

古墳から寺院へ

七世紀に前方後円墳の時代が終わりを迎えると、奈良県明日香村《あすかむら》の石舞台古墳に代表されるような大型の方墳が造られるようになる。房総半島においても、龍角寺古墳群において、日本列島で二番目の規模を誇る一辺が七八メートルの巨大方墳の岩屋古墳が築造される。東京湾沿岸の内裏塚古墳群においても、終末期には一辺四〇メートルの大型方墳である割見塚《わりみづか》古墳が築造される。

七世紀の後半になると、古墳の築造は終焉《しゅうえん》を迎え、代わって古代寺院の建築が始まる。千葉県における典型的な事例が、龍角寺古墳群のすぐ近くに造営された龍角寺(塔跡が国史跡)である。飛鳥《あすか》仏である金銅薬師如来坐像(重文)が現代まで伝わる。古墳築造の担い手がやがて寺院の造営を始めた様子をみることができる。

(吉野)

内《だい》裏《り》塚《づか》古《こ》墳《ふん》群《ぐん》

↓P25

県内最大規模の古墳群

五世紀から七世紀にかけて西上総《かずさ》の小糸川流域に築造され、南関東最大の内裏塚古墳（国史跡）をはじめ、一〇〇メートルを超える前方後円墳五基を有する。五世紀に築造されたのは内裏塚古墳（市史跡）と上野塚《うわのづか》古墳（同）のみで、六世紀中頃築造の九条塚古墳まで断絶がある。

それ以降は七世紀に至るまで大型古墳が連綿と築かれ、周淮《すえの》国造《くにのみやつこ》に連なる首長の墓と考えられている。三条塚古墳（同）は、近世には飯野陣屋の一部に取り込まれており、墳丘を一部崩して藩校「明進館」が建てられ、周溝の一部が陣屋の一部になっていた。

内裏塚古墳（富津市教育委員会提供）

DATA
富津市二間塚ほか

龍《りゅう》角《かく》寺《じ》古《こ》墳《ふん》群《ぐん》・岩《いわ》屋《や》古《こ》墳《ふん》

↓P23

ヤマト王権の東国支配を支えた在地勢力の痕跡

六世紀から七世紀の一一四基から成る古墳群。ほとんどが小規模の古墳だが、七世紀になり大型前方後円墳である浅間《せんげん》山《やま》古墳、大型方墳である岩屋古墳が築造されるようになる。七世紀後半になると隣接地に龍角寺が造営されることから、古墳時代の首長がやがて古代寺院を造営し郡司となっていく過程を示す事例と考えられている。埴輪《はにわ》列が復元展示された一〇一号墳を含む七八基の古墳が「千葉県立房総《ぼうそう》のむら」内にあり見学することができる。

また「風土記《ふどき》の丘資料館」には出土品や浅間山古墳石室模型などが展示されている。

岩屋古墳（栄町教育委員会提供）

DATA
国史　栄町龍角寺ほか

常代《とこしろ》遺跡出土《いせきしゅつど》の木製品《もくせいひん》

↓P24

弥生時代の大溝から出土し、六五点が保存処理されている。鍬《くわ》、鋤《すき》、田下駄などの農具、杵《きね》、皿、杓子《しゃくし》などの生活雑器、鳥形、儀仗《ぎじょう》などの祭祀《さいし》用具まで多様な資料を含む。久留里《くるり》城址資料館にて展示。

DATA 県指定 君津市久留里（久留里城址資料館）

姉崎天神山古墳《あねさきてんじんやまこふん》・二子塚古墳《ふたごづかこふん》

↓P19

養老川《ようろうがわ》流域の姉崎古墳群を構成する。姉崎天神山古墳(四世紀後半)は前期の古墳としては房総半島最大。二子塚古墳(五世紀)出土の石枕《いしまくら》は重文。上海上国《かみつうなかみのくにの》造《みやつこ》に連なる首長の墓と推測される。

DATA 県指定 市原市姉崎

「王賜《おうし》」銘鉄剣《めいてっけん》

↓P19

養老川流域の稲荷台《いなりだい》一号墳(円墳)から出土した五世紀中頃の鉄剣。表「王賜敬」、裏「此廷」の銀象嵌《ぎんぞうがん》の銘文がある。山倉一号墳出土埴輪(県有形)などとともに市原歴史博物館で収蔵・展示。

DATA 市指定 市原市能満（市原歴史博物館）

金鈴塚古墳《きんれいづかこふん》

↓P25

六世紀に築造された前方後円墳で、墳長約九五メートル。現在は後円部の一部のみが残り、横穴式石室を見学できる。出土品(重文)は「木更津《きさらづ》市郷土博物館金のすず」に収蔵・展示されている。

DATA 県指定 木更津市長須賀ほか

芝山古墳群《しばやまこふんぐん》

↓P18

殿塚《とのづか》古墳、姫塚《ひめづか》古墳を中心とした九十九里を代表する後期古墳。千葉県殿塚古墳・姫塚古墳出土埴輪(重文)は山武《さんぶ》型埴輪の典型例であり、「芝山町立芝山古墳・はにわ博物館」にて収蔵・展示されている。

DATA 国史 横芝光町中台

長柄横穴群《ながらよこあなぐん》

↓P18

高壇《こうだん》式横穴の代表的事例であり、線刻画をもつ玄室《げんしつ》は全国でも少ない。史跡整備がされており、いくつかの横穴は内部を見学することができる。ガイダンス施設では横穴の実物大ジオラマがある。

DATA 国史 長柄町徳増

3章 律令制下の房総三国

中国・朝鮮半島から伝わった律令制により、本格的な古代国家が近畿地方を中心に誕生した。「あずまじのみちのはて」と称された古代の房総地域が、いかにして古代律令国家と関わっていったのかをみていきたい。

房総三国の成立

千葉県のことを「房総《ぼうそう》」とも称するのは、現在の千葉県域が古代において安房《あわ》国・上総《かずさ》国と下総《しもうさ》国の大部分を占めたことに由来する。平安時代初期に成立した『古語拾遺《こごしゅうい》』によると、麻のことを「総《ふさ》」といい、良質な麻の生えたところを「ふさのくに(総の国)」と称したとされる。藤原宮跡から出土した木簡に「上捄(上総)」、同じく藤原京跡から出土した木簡に「下総」と書かれていたことから、律令制が導入された七世紀後半に、「ふさのくに(総の国)」は上総国と下総国に分割された。さらに、七一八年(養老《ようろう》二)五月に、上総国のうち、房総半島先端の四つの郡を割いて、安房国が設置された。これが、現在まで続く「房総」地域の誕生の過程である。

律令国家は地方を支配するにあたって、全国に国・郡・里(郷)を設置した。安房国は平群《へぐり》・安房・

朝夷《あさい》・長狭《ながさ》の四郡、上総国は市原《いちはら》・海上《うなかみ》・畔蒜《あびる》・望陀《もうだ》・周淮《すえ》・天羽《あまは》・夷灊《いすみ》・埴生《はにゅう》・長柄《ながら》・山辺《やまべ》・武射《むさ》の一一郡、下総国は葛飾《かつしか》・千葉・印旛《いんば》・匝瑳《そうさ》・相馬《そうま》・猿島《さしま》・結城《ゆうき》・豊田《とよだ》・海上・香取・埴生の一一郡が置かれた(13ページ参照)。

また、国の行政の中枢として国府が置かれ、郡には同じく郡家《ぐうけ》が設置された。安房国の国府は平群郡に置かれた。現在の南房総市府中にある宝珠院《ほうじゅいん》がその推定地とされているが、発掘調査を行ったところ、明確に国府に関わるとみられる遺構は検出されなかった。**上総国の国府**は市原郡に置かれた。現在の市原市郡本《こおりもと》地区と惣社《そうじゃ》・村上地区が、地名や国府に関わる神社の存在をふまえ有力な国府推定地とされている。いずれの地区でも発掘調査が進められているが、決め手となるような遺構・遺物は見つかっておらず、さらなる調査・研究の進展が待たれる。下総国の国府は葛飾郡に置かれた。国府台《こうのだい》遺跡と須和田《すわだ》遺跡(ともに市川市)が国府とされるが、国庁など国府の中枢施設は見つかっていない。国府台遺跡では、国府関連施設に勤務したであろう人々が居住したとみられる竪穴《たてあな》建物跡

上総国府の推定地(市原歴史博物館提供。一部修正)

が多数見つかっているとともに、国庁の正門へ続くと考えられる古代の道路跡が見つかるなど、少しずつではあるが、確実に下総国府の様相が明らかになりつつある。

三国の国府に共通するのは、国内支配を円滑に進めるために交通の要衝、あるいは交通の便がよいところに立地している点である。安房国府推定地は、館山湾に注ぐ平久里川《へぐりがわ》沿い、上総国府推定地は南に養老川《ようろうがわ》が、すぐ北西には古代の官道である東海道が通る。下総国府推定地も東海道の本線と支線が分岐する場所に位置し、西には江戸川が流れている。

遺跡からみた郡家

郡家のおもな施設は、平安時代の史料から郡司が政務を執る郡庁、稲などの税とした収められたものを収納する正倉、国司が国内を巡行する際に宿泊するための館、郡家で働く人々の食事を作り、器物を管理する厨《くりや》などがあった。

千葉県内の発掘調査で判明した郡家遺跡は三カ所ある。我孫子市の**日秀西遺跡**《ひびりにし》では、奈良時代前半から平安時代前半にかけての建物群が発見された。この建物群は、軸がそろえられ、整然と配置されている。規模は東西約一〇〇×南北約一八〇メートルで、東西南北の四つの建物群に分けられる。見つかった建物群のうち、整然と配置されるのは一間ごとに格子状に柱を立てた総柱《そうばしら》建物がほとんどで、建物の基壇の下を掘り下げて土を入れ替え固める掘り込み地業《ほこじぎょう》を行った礎石建物や、溝状に細長く掘って柱穴をつくる布掘りを施し、土を築き固めた建物の基礎の版築《はんちく》を行った建物などがある。建て替えの痕跡もあることから、長期間にわたって維持管理されていたことがわかる。出土遺物は炭化米、建物の版築から見つかった地鎮祭用とみられる和同開珎《わどうかいちん》の銀銭、若干の瓦などである。総柱建物は、たくさんの柱によって上屋の重量を支えることができる建物であり、基礎部分の入念な作りからも、これらの建物群が下総国相馬郡の郡家正倉であると考えられている。相馬郡の郡庁などの中枢施設や、郡家全体の構造は不明であるが、日秀西遺跡の周辺に郡家が所在すると推定される。

栄町《さかえまち》の大畑《おおばたけ》Ⅰ遺跡・向台《むこうだい》遺跡は下総国埴生郡家の一部であると考えられている遺跡である。大畑Ⅰ遺跡は、奈良時代初めから大規模な掘立柱《ほったてばしら》建物群が雑然と立地する様相が出現するも、建物どうしやその周囲をはっきりと区画するような施設は見つかっていない。向台遺跡では、大量の須恵器《すえき》、土師器《はじき》が廃棄された状態で出土し、須恵器には愛知県の猿投《さなげ》窯産や岐阜県美濃《みの》窯産といったものも若干含む。土師器は畿内や東北地方から搬入されたものが交じる。また、全国的にも珍しい唐三彩《とうさんさい》の陶枕《とうちん》や、ふいご羽口《はぐち》や鉄滓《しっさい》などの鍛冶遺構にともなう出土品もある。これらの遺構や遺物が郡家のどの部分にあたるのかは判然としないが、大規模な掘立柱建物を中心とした建物構成や、「厨」墨書土器、鍛冶工房の存在から、郡家の館と厨であった可能性が指摘されている。

山武《さんむ》市の嶋戸《しまと》東《ひがし》遺跡は上総国武射郡家の中枢施設とみられる建物群が残る。奈良時代初めに建てられたロ字型に配置された掘立柱建物群は、前期

都筑郡家想定復元模型（横浜市歴史博物館提供）

の郡庁と考えられる。ロ字型に配置された掘立柱建物群の北東には、掘り込み地業をもつ基壇建物群が見つかっている。ロ字型に配置された掘立柱建物群より基壇建物群が新しく、郡家の正倉と推定されている。さらに、遺跡の南東には奈良時代半ばから九世紀初めにかけてのコ字型に配置された掘立柱建物群が見つかっている。数回の建て替えがあり、中心建物は一時期礎石建物であった可能性がある。ロ字型に配置された掘立柱建物群よりやや新しいことから、後期の郡庁であると考えられている。嶋戸東遺跡の南東には、郡名を冠する「武射寺」の墨書土器が出土している真行寺廃寺《しんぎょうじ》があり、前期の郡庁であるロ字型に配置された掘立柱建物群と建物の軸が一致する。つまり、嶋戸東遺跡と真行寺廃寺は、郡家の郡庁・正倉と郡名寺院がそろって確認された貴重な事例である。

文字文化の受容と展開

律令国家の支配に欠かせないのが、文字である。房総の地には、古墳時代の鉄剣銘が文字の到来を示す古い事例として知られるが、本格的に房総の人々が文字を使いはじめるのが奈良時代である。

奈良時代の房総の人々が文字を使用したことがわかる物証に、墨書土器が挙げられる。千葉県の発掘調査で見つかった墨書土器の数は、全国でもっとも多い部類に入る。県内で出土する墨書土器は印旛沼を中心とした下総地域に多い。書かれている文字は一文字がほとんどだが、なかには多文字のものもある。出土する遺跡は、国府や郡家といった官衙《かんが》遺跡から、国分寺などの仏教関連遺跡、一般的な集落遺跡まで多様である。集落遺跡で見つかる墨書土器は八世紀前半から現れ、八世紀中頃から本格的に広がり、九世紀前半から一〇世紀にわたって飛躍的に数が増えるが、一〇世紀以降急速に減少していくという傾向をみせる。
　官衙から出土する**墨書土器**で多いのが、地名や役所名を書いたものである。下総国府推定地の市川市の国府台遺跡では、葛飾郡の「葛」、東海道の井上駅を示す「井上」などが出土し、近隣の須和田遺跡からは「博士館」が出土している。また、国府台遺跡では国司の「介」を意味すると考えられる墨書土器もみられるなど、地方支配に関わるさまざまな文字が土器に記されている。

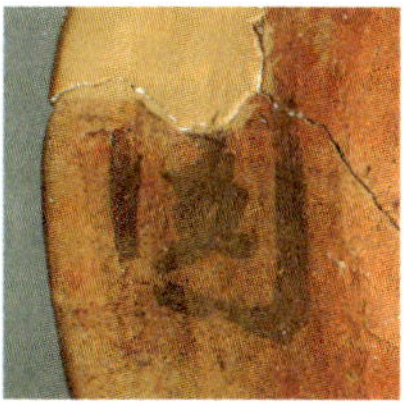

下総国府関係の墨書土器。左は「国」、右は「郡」(市川市立市川考古博物館提供)

　国分寺から出土する地名が記された墨書土器は、郡名や郷名が記されるものと、郡名または郷名＋〇〇といった記載をとるものがある。郡名は一文字が多いが、郷名の場合は正式名称を記すことが多い。これらのことから、国分寺などの国にとって重要な造営は、国府が管下の郡郷単位で人夫や物資の負担を課していたと考えられている。一方、国分寺以外の地域の寺院の場合、周辺の地名を書いた墨書土器が多いことから、地域の寺院の造営は、その地域の有力者と住民の関与によるものであるとされる。

　また、集落遺跡で出土する地名を記した墨書土器は、さまざまな例がみられる。たとえば、国郡郷里を記したものは、続きに人名や年月日を記載する形式が多い。こうした多文字墨書土器と呼ばれるものは、延命や招福除災を願った祭祀《さいし》行為に使用されたものとされる。また、近接する複数の遺跡群から共通する地名を記した墨書土器が出土する場合もしばしばみられる。代表的なのは、東金市の山田水呑《やまだみずのみ》遺跡などでみられる「山邊」「山口」の地名を冠する墨書土器の出土する地域が、山辺郡や山口郷に設置された荘園経営に関わるものと考えられている。

都へ送られた古代の特産物

律令国家は、租《そ》・調《ちょう》・庸《よう》をはじめとするさまざまな税目によって各地の特産物や地域で生産した物品を貢納する体制を整備した。奈良の平城宮跡などから出土する木簡や、平安時代の法制史料である『延喜式《えんぎしき》』から、古代の房総地域の特産物をみていこう。

現在も千葉県の代表的な特産物といえる海産物では、鰒《あわび》や堅魚《かつお》、若海藻《わかめ》などの品目が知られる。平城宮跡や平城京跡で出土した、鰒に付けられた荷札木簡によると、安房国がもっとも多く、次いで上総国夷灊郡のものも見られる。安房国の鰒の**荷札木簡**は、四郡すべてから貢納されているとともに、内陸部の郷名も見えることから、国を挙げての貢納品であったと考えられている。安房の鰒は、平安時代初期の史料である『高橋氏文《たかはしうじぶみ》』の磐鹿六雁命《いわかむつかりのみこと》の説話や、『延喜式』の大嘗祭《だいじょうさい》の規定にみえるように、神や天皇に捧《ささ》げる重要な貢納品であり、とくに珍重されていた。堅魚は安房国の中男作物《ちゅうなんさくもつ》として『延喜式』で規定されている。海藻類は、『延喜式』に種類が違うものの三国とも規定されており、上総国と下総国から貢納されたものに付けられた荷札木簡が平城宮跡と平城京跡から出土している。

こうした海産物をどのように収穫していたか、遺跡から出土する貝や骨などからうかがうことができる。船橋市の印内台《いんないだい》遺跡では、ハマグリを主体とし、シオフキ・アサリ・マガキ、オキシジミ・ウミニナ・キサゴ類などの多様な貝類が出土している。ハマグリを主体とした貝類の大きさは、四〜六センチと比較的大きめのものが多く、同一種のなかでも大型のものを選んで採取していたことが明らかになった。また、印内台遺跡ではクロダイ・フグ・カレイ・ハゼなど魚骨の多くが鰭《ひれ》や鰓《えら》だけで出土することから、鰭や鰓を切り取って調理加工し、干物などにして流通させていた可能性が高い。

房総からは海産物だけではなく、獣類も多様な品目が貢納されていた。平城宮跡から出土した木簡には、「和銅二年」(七〇九)の年紀をもつ上総国から貢納された「猪腊《いのししのきたい》」(猪の肉を干したもの)の荷札木簡がある。また、『延喜式』には鹿革が三国から、牧牛皮が上総・下総の二国から、古代の乳製品である蘇《そ》を三国が交替で貢納する規定があった。房総三国には馬や牛を飼育する官牧《かんまき》が所在することから、牛皮や蘇《そ》といった物品の生産も盛んであったと考えられる。(垣中)

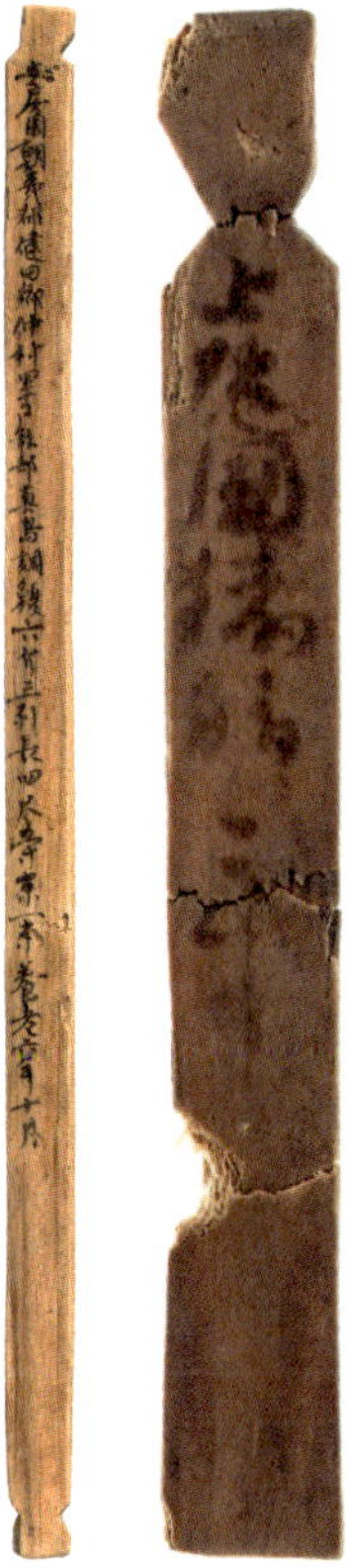

安房国(左)・上総国(右)からの荷札木簡(奈良文化財研究所提供)

安房《あわ》やわたんまち

↓P25

一〇〇〇年を超える歴史をもつ安房地方最大の祭り

鶴谷八幡宮《つるがやはちまんぐう》の秋祭りは、「やわたんまち」と呼ばれ、毎年九月十四日から十六日にかけて行われる安房地方の祭礼行事である。

鶴谷八幡宮は、平安時代中期に安房国総社として旧東国府《ひがしこくふ》村(現南房総市府中)に創建され、鎌倉時代に八幡宮として現在地に移されたと伝えられる。この神社は昔、安房国の総社で、国司自らが祭りを執り行ったとされることから、「安房国司祭」の名がつけられている。現在でも安房地方最大規模の祭りで、祭事は県指定無形民俗文化財である。

安房やわたんまち(館山市提供)

DATA

県指定 館山市・南房総市

「真間《まま》の手児奈《てこな》」伝承《でんしょう》の地《ち》

↓P21

『万葉集』に詠まれた悲劇のヒロイン

下総《しもうさ》国府跡は国府台《こうのだい》の台地上に広がっていた。往時には台地南端の崖線から東京湾の海岸線を眺めることができ、現在の国道一四号線付近に奈良時代の東海道が通っていたとされる。『万葉集』にも歌われた、「真間の手児奈」の伝説の舞台である真間の入り江は、国府台の台地の南、現在の真間川に比定されている。その近くには真間の継橋《つぎはし》跡、手児奈が水をくんだとされる真間の井跡にある亀井院《かめいいん》、手児奈を祀《まつ》った手児奈霊神堂が位置する。伝承の地を訪ねると、国府近接地で起こった出来事が、国府の役人を通じて都にも知れわたった様子を体感できる。

手児奈霊神堂

DATA

市川市真間

郡本《こおりもと》八幡《はちまん》神社《じんじゃ》

→P19

境内には大型の礎石が残り、郡本という地名から、この地は市原郡家《ぐうけ》と推定されている。また、近くには古甲《ふるこう》という地名や府中を冠する府中日吉神社もあり、古くから上総《かずさ》国府《こくふ》の推定地の一つである。

DATA　市原市郡本

日秀《ひびり》西《にし》遺跡《いせき》（相馬《そうま》郡衙《ぐんが》正倉《しょうそう》跡《あと》）

→P20

相馬郡衙のうち、正倉跡が日秀西遺跡にあたる。周辺には古代東海道が通っていた可能性も指摘されており、鬼怒川《きぬがわ》や手賀沼《てがぬま》などの水運とあわせた交通の要衝に位置する。

DATA　県指定　我孫子市日秀

山辺《やまべ》郡印《ぐんいん》

→P23

八街《やちまた》市の滝台《たきだい》遺跡から出土。鈕《ちゅう》の部分に紐《ひも》を通す穴がなく、大きさは約四・七センチ、高さ約五・五センチ。印文は彫りが深く鋭い。平安時代と推定されているが、書体からは奈良時代中頃とされる。

DATA　重文　佐倉市城内町（国立歴史民俗博物館）で保管

吉原《よしわら》三王《さんのう》遺跡《いせき》出土《しゅつど》の墨書《ぼくしょ》土器《どき》

吉原三王遺跡は発掘調査で古墳時代から奈良・平安時代を中心とする多数の竪《たて》穴《あな》建物跡が見つかった集落遺跡。多くの墨書土器が見つかり、人名や地名、年月日が書かれた長文のものもある。

DATA　県指定（千葉県保管）

高家《たかべ》神社《じんじゃ》

→P24

高橋氏の先祖である磐鹿六雁命《いわかむつかりのみこと》を祀る。『延喜式《えんぎしき》』にも記載があるが、その後長らく所在不明となり、現在の神社は江戸時代に再興。庖丁式《ほうちょうしき》と呼ばれる神事が毎年五月、十月、十一月に境内で行われる。

DATA　南房総市千倉町

印内台《いんないだい》遺跡《いせき》

→P21

七～九世紀にかけての大規模な集落遺跡。卜甲《ぼっこう》や卜骨などの祭祀遺物、和同開珎や漆紙文書などが出土している。さらに馬の骨が複数見つかっていることから、遺跡周辺に牧があったと推定されている。

DATA　船橋市印内

4章

寺院の創建と人々の祈りの姿

インドで始まった仏教は、中国・朝鮮半島を経由して日本にもたらされた。この外来の新しい宗教を、房総の地で生きる人々はいかに受け入れたのか。また、国内の世情が不安定になった平安時代の人々は、どこに信仰のよりどころを求めたのか。人々の祈りの姿をみていきたい。

遺跡からみた仏教の伝来

古代の房総《ぼうそう》で七世紀に遡る創建年代をもつ寺院は二つある。一つは栄町の龍角寺《りゅうかくじ》である。創建は六五〇年前後から六六〇年代とされ、房総半島で最古の現存寺院である。発掘調査で判明した遺構は金堂と三重塔で、金堂と塔がおおむね東西に並ぶことから、法起寺《ほうきじ》式伽藍《がらん》配置と推定される。出土した軒丸瓦《のきまるがわら》の文様は山田寺(奈良県桜井市)と同系統である。寺を創建したのは近接する龍角寺古墳群の被葬者であり、埴生《はにゅう》郡の郡領氏族である大生部直《おおみべのあたい》氏が想定される。また、寺の北側に龍角寺の瓦を焼いた窯跡である五斗蒔《ごとまき》瓦窯《がよう》・龍角寺瓦窯が位置する。この瓦窯からは文字瓦が多数出土しているが、文字瓦にある地名は龍角寺周辺の集落名を示し、瓦製作への負担を明記しているとされ、寺の創建期前半には印旛《いんば》郡の集落も含むが、後半には埴生郡に限定される傾向がみられる。

さらに、現在も龍角寺にある**薬師如来坐像《やくしにょらいざぞう》**は、像高約一三〇センチの等身大の金銅仏であるが、江戸時代の火災により胴部は焼失し、頭部のみが七世紀後半の飛鳥《あすか》時代に制作されたものである。像容は隋末から初唐の影響を受ける。制作地は近畿地方など中央とする説と房総などの地方とする説があるが、中央の技術者のなんらかの関与が想定される。地方において創作当初から伝来したことが確かめられる全国的に稀有《けう》な例である。

銅造薬師如来坐像（山岸桂二郎氏撮影。龍角寺所蔵。栄町教育委員会提供）重文

龍角寺に次いで古い寺院が木更津《きさらづ》市の**上総大寺《かずさおおでら》廃寺**である。創建年代は軒瓦の文様から六六〇〜六七〇年代と推定されている。小櫃川《おびつがわ》の河畔に建立され、東側に望陀《もうだ》郡の郡家想定地があるが、発掘調査で郡家に関連する遺構は確認されていない。故地には塔の石製の露盤のみが残る。軒丸瓦の文様は飛鳥の川原寺《かわらでら》の影響を受けたもので、川原寺の創建年代と近い時期に造営されたと考えられる。

その後も、八世紀前半から中頃までの房総地域では、安房《あわ》国を除く各地に続々と寺院が建立された。そして、それらの寺院のほとんどが龍角寺の軒丸瓦の文様をまねた瓦を作っていた。富津《ふっつ》市の九十九坊《くじゅうくぼう》廃寺では塔、推定講堂、中門を検出し、伽藍配置は金堂が東、塔が西に並ぶ法隆寺式と推定されている。印西《いんざい》市の木下《きおろし》別所《べっしょ》廃寺では、金堂、講堂、塔を検出し、龍角寺と同じ法起寺式伽藍配置であることが明らかになった。検出された塔の基壇には本格的な木造の塔は建築されず、瓦塔を安置する建物があったとされる。

国分寺・国分尼寺の建立

国分寺・国分尼寺は、七四一年(天平《てんぴょう》十三)二月十四日に出された詔にもとづき、全国に建立された僧寺と尼寺である。建立の背景には詔が出された前年に発生した藤原広嗣《ふじわらのひろつぐ》の乱の影響と、光明《こうみょう》皇后からの熱心な勧めがあったからとされる。しかし、詔が出されて以降、各国で順調に造営が進んだわけではなく、郡司など現地の有力者の力を借りて、七五六年(天平勝宝《てんぴょうしょうほう》八)頃までに国分寺の塔や金堂などの主要伽藍が、七六〇年(天平宝字《ほうじ》四)頃までに国分尼寺の同じく主要伽藍が完成されたとみられる。千葉県内では、発掘調査によって市原市にある**上総国分寺・国分尼寺**(国史跡)と、市川市にある**下総《しもうさ》国分寺・国分尼寺**(同)の姿が明らかにされている。安房国分寺については金堂跡と推定される基壇と少量の瓦を発掘調査で確認したのみで、詳細な姿は明らかになっていない。

上総国分寺は、地形に即して寺院全体を溝で区画した南北約四八〇メートル、北辺の東西約三三六メートル、南辺の東西約二九九メートル、面積約一四ヘクタールの寺院地をもち、平城京の薬師寺《やくしじ》の規模を上回る。南から南大門、中門があり、回廊は中門と金堂をつなぐ。回廊内の東寄りに七重塔があり、金堂前の儀式空間の確保を図っている。伽藍配置は大官大寺《だいかんだいじ》式で、他国の類例として甲斐《かい》国分寺、美濃《みの》国分寺、讃岐《さぬき》国分寺などが挙げられる。寺院地の北方は溝によって東西に区画される。中央部には基壇建物や大型の掘立柱《ほったてばしら》建物があり、三綱《さんごう》が執務する政所院《まんどころいん》とされる。「綱所」「講院」「東院」「経所」などの墨書土器から、三綱所・講師院・写経所などがあったことが推定されている。政所院北寄りには井戸屋形があり、僧侶の炊事など日常生活を支える大衆院《だいしゅういん》の機能ももっていたと推定されている。寺院地の北西地区は建物や遺構がほとんどないことから、野菜などを栽培していた薗院《えんいん》の可能性が高い。政所院の東方では、銅・鉄滓《てっさい》などが出土し、鋳造や鍛冶の工房を中心とした修理院《しゅりいん》であったとみられる。

上総国分尼寺復元回廊(千葉県観光物産協会提供)

　上総国分尼寺の寺院地は、東西約二八五×南北約三七二メートルの区画溝を巡らせる。面積は一一ヘクタール以上で、平城京の法華寺《ほっけじ》に匹敵し、全国最大規模の国分尼寺である。主要伽藍地の南に回廊で結ばれた中門と金堂、北に講堂と尼坊、金堂と講堂の中間の東西に経楼と鐘楼が置かれた。尼僧が暮らす尼坊は、一棟の礎石建物から大坊と小坊の二棟からなる長大な建物に建て替えられた。七六六年(天平神護《じんご》二)の太政官《だじょうかん》符《ぷ》による、尼僧の定員を一〇人から二〇人に倍増したことに対応しているとされる。寺院地の北方は、北辺の北門に至る通路を境に大きく三地区に区画される。中央部が政所院で、西側は遺構が少ないことから、国分寺と同様に薗院であった可能性がある。東側は掘立柱建物や竪穴《たてあな》建物、鍛冶遺構、炭窯などが見つかっている。修理院や賤《せん》院に相当する施設と考えられる。

下総国分寺の寺院地は、南辺と東辺は未詳だが、台地縁辺部まで含めると東西約三六〇メートル、南北三三〇メートル以上、面積は約一一ヘクタールで、相模《さがみ》国分寺と同様の法隆寺式伽藍配置である。寺院地の北東に造営関係の工房とみられる遺構を検出しており、「造寺」と書かれた墨書土器が見つかっていることから、修理院であったとされる。また、出土遺物から講堂の北には政所院や厨《くりや》などが位置したと考えられ、寺院地北方では「講院」と書かれた墨書土器が出土していることから、講師院も国分寺内にあったと推定されている。下総国分寺の遺構には、造営の軸となる方位が異なるものがあり、塔の造営を優先的に行い、その後金堂・講堂を造営したと考えられている。塔の造営を優先したのは、武蔵《むさし》・上野《こうずけ》・美濃国分寺などと同様である。

下総国分尼寺の寺院地は、溝で区画され、東辺約三〇三メートル、北辺三二四メートル、南辺約五〇メートルを確認し、西・南辺を台地縁辺部までを寺院地として区画したとすると、面積は約一〇ヘクタールに及ぶ。金堂、講堂、尼坊が南北に並ぶ。伽藍中枢には回廊はなく、塀と溝で区画していた。寺院地の北東部には竪穴建物や区画溝、鍛冶工房を確認し、「院」、「窪苑」などの寺院の運営に関わる施設名を記した墨書土器が出土していることから、下総国分寺や上総国分寺・国分尼寺と同様に、寺院の運営に関わる組織が置かれていたとみられる。

地域社会への仏教の浸透——村落内寺院

千葉県内の集落遺跡のなかに、本格的な寺院建築ではないものの、仏教的な要素がみられる庇付《ひさしつき》の建物や、寺名を記す墨書土器、仏具とみられる土器などが出土する事例が豊富にある。これらの遺跡の性格を知るうえで参考になるのが、平安時代前期にまとめられた仏教説話集『日本霊異記《にほんりょういき》』である。そこに描かれる、集落のなかにある仏堂のような施設があったことが指摘されている。八世紀後半から多くみられるこうした遺跡のことを、村落内寺院と定義し、研究が進められている。

発掘調査で明らかにされた村落内寺院については、いくつかのパターンがあることがわかってきている。まず、建物の建築方法や出土した瓦から、国分寺の影響を受けて成立した村落内寺院がある。袖ケ浦市の永吉台《ながよしだい》遺跡群遠寺原《とおてらはら》地区、大網白里市の大網山田台遺跡では、掘立柱建物から礎石建物に建て替えられた四面庇付建物を検出し、上総国分寺系の瓦が出土している。とくに、大網山田台遺跡の建物は二棟が近接し、屋根を共有していたと想定されることから、本堂と礼堂を組み合わせた双堂形式であった可能性が指摘されている。また、印西市の大塚前遺跡で検出した総柱《そうばしら》建物は床板を張る仏堂形式の建物であった可能性が指摘されている。

萩ノ原遺跡出土瓦塔（市原歴史博物館提供）市指定

続いて、地域の有力寺院の影響を受けて成立したとみられる村落内寺院をみていく。養老川《ようろうがわ》中流域に位置する袖ケ浦市の東郷台《とうごうだい》遺跡、市原市の**萩《はぎ》ノ原《はら》遺跡**から出土した瓦は、七世紀末から八世紀前半に建立された市原市の二日市場《ふつかいちば》廃寺の瓦である。いずれの遺跡も四面庇付建物があり、「寺」と書かれた墨書土器や瓦塔《がとう》片が出土している。とくに、萩ノ原遺跡では九世紀中頃以降、基壇建物が建てられ、基壇中央に内陣のような空間をもつ特徴的な構造をもった建物が現れる。基壇を築造する際には銀製の太刀などを埋納した地鎮儀礼を行っており、本格的な仏教儀礼が行われていた可能性がある。そのほか、瓦をともなわない遺跡であっても、四面庇付掘立柱建物の存在や、「寺」「仏」など仏教関係の用語が記された墨書土器、瓦塔や三彩など仏具とみられる遺物が出土することで、村落内寺院を特定することが可能である。

このように、奈良時代から平安時代の房総では、国分寺・国分尼寺を中心に、郡司層が造営した郡寺を含む、主要堂塔をもつ本格的な寺院から、村落内寺院に至るまで、幅広く仏教が受容されていた。こうした環境が影響し、郡司層や郡家で下働きをする郡雑任《ぞうにん》クラスの書写能力をもった人物が写経生として、平城京の東大寺写経所で働くこともあった。また、奈良時代後半、上総国武射《むさ》郡出身の僧侶の広達《こうたつ》は、宮中で天皇を看病する十禅師に選ばれるほど高名であった。

不安定な治安のもとで——平安時代の信仰

平安時代に入ると、俘囚《ふしゅう》や群盗の蜂起《ほうき》、平将門《たいらのまさかど》の乱や平忠常《ただつね》の乱など、房総三国の治安は安定していなかった。また、地方支配のあり方も奈良時代から大きく変容を余儀なくされたことで、国内統治にあたって国司は仏教や神道を篤《あつ》く敬うとともに、支配を盤石なものにするために利用した。『今昔物語集』にみえる上総介藤原時重《ときしげ》の地蔵信仰に関する説話や、安房守高階兼博《たかしなのかねひろ》の息子、信誓阿闍梨《しんぜいあじゃり》の法華経信仰は、国司やその一族の仏教信仰の姿をうかがうことができるとともに、そうした信仰が地域社会で受け入れられていたことを示す。『更級日記《さらしなにっき》』の作者も、冒頭で熱心に薬師仏に祈願していたことからも、仏教が平安時代の国司の国内統治に重要な役割を果たしたことがわかる。

一方、神社もまた、国司の国内統治にあたって重要な役割を果たした。とくに、国内でもっとも神階の高い神社を一宮《いちのみや》として奉幣し、地域の官人や豪族たちと手を結び国内統治にあたるための儀式の場とするようになった。安房国は安房神社、上総国は**玉前神社《たまさき》**、下総国は香取《かとり》神宮が一宮となる。安房神社や玉前神社のように、国府の近くにあり、一宮としての呼称が定着しているものと、香取神宮のように国府から遠い場所に鎮座し、独自の祭祀《さいし》と所領をもつなどして国府に対して相対的に自立したものがある。

また、房総のみならず関東地方に大きな影響を与えた平将門に関する伝説も、信仰となって房総の各地に息づいている。成田山新勝寺《しんしょうじ》の創建縁起は、将門調伏《ちょうぶく》の祈禱《きとう》が成功し、乱後朝廷から「新たに敵に勝った」という喜びの意を込めて建立されたとする。一方、香取市佐原《さわら》にある観福寺《かんぷくじ》観音堂の本尊は将門の守護仏とされる。このように、千葉県には勝った朝廷側と、敗れた将門側双方の伝承が伝えられているのである。（垣中）

上総《かずさ》国分寺《こくぶんじ》・国分尼寺跡《こくぶんにじあと》 ➡P19

古代上総の中心寺院

上総国分寺・国分尼寺は、上総国市原郡の養老川《ようろうがわ》右岸の台地上に位置する。いずれも伽藍《がらん》中枢部のほかに、寺院を運営するための組織の位置まで判明した、全国でも稀有《けう》な調査事例である。

国分寺跡は発掘調査の成果にもとづき、西門の柱跡が復元されている。また、市原歴史博物館には復元模型が展示されている。国分尼寺跡は、中門と回廊の一部を復元し、隣接して史跡上総国分尼寺跡展示館がある。展示館では国分尼寺跡の発掘調査や復元研究の成果をわかりやすく学ぶことができる。

上総国分寺模型(市原歴史博物館提供)

DATA
国史 市原市総社（国分寺）、市原市国分寺台中央（国分尼寺跡）

下総《しもうさ》国分寺《こくぶんじ》・国分尼寺跡《こくぶんにじあと》 ➡P21

国分寺の伽藍配置は奈良の法隆寺と同一

下総国分寺は国府台《こうのだい》の台地南端に位置し、現在は江戸時代以降に建てられた建物が所在する。国分寺では珍しい、法隆寺式伽藍配置であったことが明らかになっている。境内では塔の礎石を見ることができる。また、台地の東には国分寺で使用した瓦を焼いた北下《きたした》瓦窯跡が見つかり、同じく国史跡に指定されている。

下総国分尼寺跡も同じく国府台の台地上、国分寺の北西に位置する。国分尼寺の伽藍配置は東大寺式である。国分尼寺跡は伽藍中枢部のみ史跡公園として整備され、南北に並ぶ金堂跡や講堂跡の位置が表示されている。

下総国分寺境内

DATA
国史 市川市国分

上総《かずさ》大寺《おおでら》廃寺《はいじ》露盤《ろばん》

➡P24

熊野《くまの》神社境内の東側にある石材で、一辺約一三五センチの正方形で、中央に貫通孔があり、厚さが約三五センチある。石造の露盤は全国的にもきわめて珍しく、県内では唯一の例となる。

DATA 県指定 木更津市大寺（熊野神社）

萩《はぎ》ノ原《はら》遺跡《いせき》出土《しゅつど》の瓦塔《がとう》

➡P19

養老川左岸の台地上に位置する集落遺跡からは、基壇跡や「佛」「寺」と書かれた墨書土器が見つかるとともに、推定長一・八メートルの瓦塔が出土しており、村落内寺院があったと考えられている。

DATA 市指定 市原市能満（市原市歴史博物館で展示）

玉前《たまさき》神社《じんじゃ》

➡P18

創建の具体的な年代は明らかではないが、『延喜式《えんぎしき》』などの平安時代の史料に記載が見える。平安時代後半から鎌倉時代には上総国一宮として崇敬された。現在の社殿は江戸時代前半のものである。

DATA 県指定 一宮町一宮

国司《こくし》神社《じんじゃ》

➡P25

自ら仏堂を建てるなど、仏教による国内統治を行った平安時代の安房守《あわのかみ》源親《ちか》元《もと》を祀《まつ》る。任期を終えて帰京する際、別れを惜しむ人々に与えた着物の一部を、親元の死後に居宅の一部で祀ったのが始まり。

DATA 館山市沼

七天王塚《しちてんのうづか》

➡P19

亥鼻《いのはな》の地にある七つの塚。現在は牛頭《ごず》天王を祀っていることから、七天王塚と呼ばれる。もとは平将門《たいらのまさかど》の七人の影武者を祀っている、千葉氏の守護神である妙見《みょうけん》信仰に関係する、などの諸説がある。

DATA 市指定 千葉市中央区亥鼻

大椎城跡《おおじじょうあと》

➡P18

平忠常《ただつね》が築城し、その居城としたとされるが、史実ではなく伝承とされる。土塁や空堀跡などが残っている。城跡の形状から、現在は戦国時代に築かれた城であると考えられている。

DATA 千葉市緑区大椎町

5章

両総平氏の時代

挙兵時から源頼朝を支えたことで千葉氏をはじめとする上総・下総両国に根ざした平氏の一族は、幕府成立後に遠方の所領を得るなどその勢力を広げることになった。また京・鎌倉という都市との行き来が盛んになり、他地域との人や文物のネットワークが房総各地に広がっていった。

両総平氏とは何者か

房総《ぼうそう》半島は、一一世紀初頭の平忠常《たいらのただつね》の乱で荒廃した。忠常の子孫は、上総《かずさ》・下総《しもうさ》の両国で開発を進め、在地での勢力を拡大していくこととなる。両総平氏である。両総平氏は、高望《たかもち》王を始祖とする桓《かん》武《む》平氏の一族であり、上総氏の祖となる常晴《つねはる》は「上総介」を名乗り、千葉氏の祖となる常兼《つねかね》は「千葉介」を名乗った。当初は上総氏が族長として、下総国内の地名を冠する一族を擁するなど両国にわたり勢力を有していたが、一一八〇年(治承《じしょう》四)の源頼朝《みなもとのよりとも》の挙兵が両総平氏に画期をもたらした。

房総から鎌倉へ

石橋山の合戦に敗れた源頼朝は、安房《あわ》国にたどり着くと、約一カ月の間に態勢を立て直し、房総各地の武士を味方に加え北上する。鎌倉入りまでの頼朝は、東国の武士を従え、鎌倉幕府樹立の基礎を固めた。上総国で勢を張っていた上総介広常《ひろつね》、下総国の千葉常胤《つねたね》を味方にし、上総・下総の国衙《こくが》を落とした後に鎌倉入りする。

軍事的な功績が高かった上総介広常だが、『吾妻鑑《あずまかがみ》』『愚管抄《ぐかんしょう》』では、不遜《ふそん》な態度から誅殺《ちゅうさつ》されたとある。広常亡き後、両総平氏の長となったのは千葉常胤である。

常胤は、頼朝挙兵時に両総以外にも遠隔地の各地の所領を獲得し、子息に分割して支配を任せた。相馬御厨《そうまのみくりや》(我孫子《あびこ》市・茨城県取手《とりで》市)・陸奥国行方《なめかた》郡(福島県南相馬市)を次男師常《もろつね》に、陸奥国亘理《わたり》郷(宮城県亘理町)を三男胤盛《たねもり》に、大須賀保《おおすがのほ》(成田市)を四男胤信《たねのぶ》に、国分《こくぶ》郷(市川市)・大戸庄《おおとのしょう》(香取《かとり》市)を五男胤通《たねみち》に、東《とうの》庄《しょう》(東庄町)を六男胤頼《たねより》に分け与えている。頼朝の弟範頼《のりより》軍に従い鎮西《ちんぜい》(九州)に渡った常胤は、豊前《ぶぜん》国上毛《こうげ》郡成恒名《なりつねみょう》(福岡県上毛町)、肥前《ひぜん》国小城《おぎ》郡(佐賀県小城市)、薩摩《さつま》国島津庄《しまづのしょう》寄郡《よせごおり》(鹿児島県)ほか、大隅《おおすみ》国菱刈《ひしかり》郡入山《いりやま》村(鹿児島県伊佐《いさ》市)などを恩賞として獲得し、子孫に伝領した。このほか千葉氏は、下総国と伊賀《いが》国の守護職を務めた。

源頼朝上陸地。東京湾をはさんで三浦半島が望める(鋸南町。鋸南町まちづくり課提供) 県指定

京・鎌倉との交流

鎌倉時代の守護の職務は大犯《だいぼん》三カ条と呼ばれ、謀反人・殺害人の追捕《ついぶ》と、国内の御家人《ごけにん》に対する京《きょう》都大番役《とおおばんやく》の催促であった。京都大番役は、京の内裏や院御所の警固をする役である。期間は、平氏政権のときは三年、源頼朝代に六カ月、執権北条時頼《ほうじょうときより》代に三カ月と短くなった。鎌倉の諸門警固にあたるのは鎌倉大番役(鎌倉)であった。遠江《とおとうみ》以東の一二カ国の御家人が一〜二カ月交替で職務にあたった。御家人はこうした公的職務の機会を利用し、遠国所領の訴訟事務にあたったりした。また、都では、歌会、仏事など新しい文化や技術にふれる機会でもあった。

鎌倉幕府の執権を務めた北条氏の一族金沢実時《かねさわさねとき》は一二六〇年(文応《ぶんおう》元)に称名寺《しょうみょうじ》を建立した。西大寺の叡尊《えいぞん(えいそん)》(一二〇一〜九〇)が実時の招きで入ると、称名寺は真言律宗に改められ、東国における同宗の拠点となった。称名寺は北条氏の寄進によって各地に所領を得、それらを結んだ文物のネットワークを築いた。房総半島にも多くの所領と関係寺院があり、文化の交流が進んだ。寺院では仏教教学の学習や説法などの談義《だんぎ》が行われた。金沢称名寺との交流を物語るものとして、小網寺《こあみじ》(館山市)・大慈恩《だいじおん》寺《じ》(成田市)に金工品が、永興寺《えいこうじ》(茂原市)・正覚院《しょうかくいん》(八千代市)には清凉寺《せいりょうじ》式釈迦如来《しゃかにょらい》像が、西福寺(船橋市)・願成就寺《がんじょうじゅじ》(東金市)には石造五輪塔などが遺されている。

このほか、埴生庄《はぶのしょう》の龍角寺《りゅうかくじ》(栄町)、千田庄《ちだのしょう》の東禅寺《とうぜんじ》(多古町)、千葉庄の千葉寺《せんようじ》・大日堂(千葉市)、印西庄《いんざいしょう》の長楽寺、三崎庄の引摂寺《いんじょうじ》などとも僧侶が往来していたことが確認されている。

東《とう》氏を名乗った常胤六男の胤頼は京で念仏者の往生を見て法然《ほうねん》の弟子となるが、同じく弟子となっていた御家人宇都宮頼綱《うつのみやよりつな》（一一七八〜一二五九）、その弟塩谷朝業《しおやともなり》と交流を深める。宇都宮氏は、下野《しもつけ》国で栄えた宇都宮歌壇を築いた一族で、頼綱は和歌の師であった藤原定家《ふじわらのさだいえ》（一一六二〜一二四一）の長子為家《ためいえ》に娘を嫁がせている。胤頼の子重胤《しげたね》は鎌倉三代将軍実朝《さねとも》と定家の親交を取り次ぎ、重胤の子胤行《たねゆき》（素暹《そせん》）の詠歌は勅撰和歌集にも載せられている。胤行の子孫にあたる**東常縁《つねより》**（一四〇一〜八四頃）は、室町時代に連歌師宗祇《そうぎ》（一四二一〜一五〇二）に古今伝授《こきんでんじゅ》という和歌の秘奥を授けるなど歌道史に名を遺した。

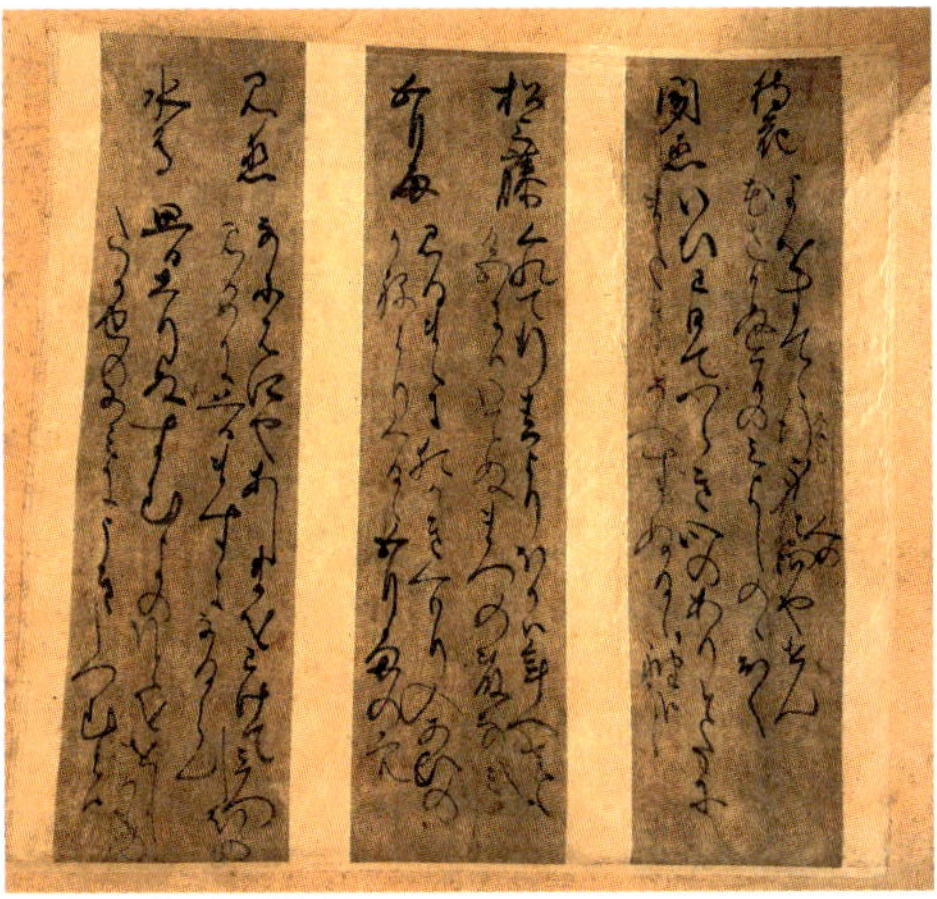

伝東常縁筆詠草断簡《でんとうのつねよりひつえいそうだんかん》。東常縁は美濃東氏の歌学者。長く東氏宗家に伝えられ、1919年（大正8）に東氏苗字の地ゆかりの東大神（東庄町）に奉納された（東庄町教育委員会提供）
県指定

新たな仏教の展開

平安後期に、顕密《けんみつ》仏教のなかから、それまでの教えに疑問をいだき、末法における衆生《しゅじょう》の救済に専修《せんじゅ》・易行《いぎょう》を唱える者が現れた。のちの浄土宗開祖となる法然（一一三三〜一二一二）、浄土真宗開祖となる親鸞《しんらん》（一一七三〜一二六二）、

鯛の浦タイ生息地。鴨川市小湊の誕生寺前の浅瀬の海。本来は海底付近に生息するタイが、ここでは浅瀬に生息する。日蓮の誕生を祝って浮上し躍り出たとの伝承がある（鴨川市教育委員会提供）**特天**

日蓮宗開祖となる日蓮《にちれん》（一二二二〜八二）、時宗開祖となる一遍《いっぺん》（一二三九〜八九）らである。また、大陸から新たに禅を伝えた臨済宗開祖となる栄西《えいさい（ようさい）》（一一四一〜一二一五）、曹洞宗開祖となる道元《どうげん》（一二〇〇〜五三）や、南都を中心に社会的弱者救済を唱えた叡尊・忍性《にんしょう》（一二一七〜一三〇三）らは、ともに戒律の重視を訴えた。

日蓮は安房国長狭《ながさ》郡東条郷片海《とうじょうのごうかたうみ》（現在の鴨川市）に生まれ、清澄寺《せいちょうじ》で修行した後に都に上り、比叡山《ひえいざん》・高野山などで修学し、一二五三年（建長《けんちょう》五）三二歳の時に「妙法蓮華経《みょうほうれんげきょう》」（法華経）が至上の教えであり、南無妙法蓮華経の題目をもっぱら唱える「専修題目《せんじゅだいもく》」を主張する教えを開いた。立教開宗した日蓮は鎌倉で布教を行う一方、念仏・禅・律への批判をし、幕府執権の北条時頼《ときより》へ『立正安国論《りっしょうあんこくろん》』を提出し国主諫暁《こくしゅかんぎょう》を行った。

日蓮が得た信者には、千葉氏の被官で下総国葛飾《かつしか》郡八幡庄（市川市）を本拠とした富木常忍《ときじょうにん》・太田《おおた》乗明《じょうみょう》がいた。富木らは檀越《だんおつ》として日蓮の活動を支え、のちの法華経寺《ほけきょうじ》を本山とした下総・上総地方に教線を広げた中山門流の基礎を築いた。

寺号	所在地	由緒	面内訳	時代
迎接寺	成田市	弘法大師開山、源信法会草創	鬼５、幽霊亡者等８	江戸
浄福寺	香取市	良忠開山	菩薩面11を含み30	江戸
光明寺	旭市鏑木	良忠開山	菩薩１	
広済寺	横芝光町	後鳥羽院の時、僧石屋が草創	鬼婆（奪衣婆）２、鬼４、塩ふり（舞台浄め）４、倶生神、閻魔大王、観音菩薩	鬼婆・黒鬼・赤鬼は室町、ほかは江戸
心巌寺	鴨川市	良忠開山	菩薩21、比丘尼２	室町〜江戸
建暦寺	君津市	行基開山	菩薩面４	鎌倉

千葉県内の練供養行道面一覧（筆者作成）

法然の孫弟子にあたる然阿《ねんな》良忠《りょうちゅう》（一一九九〜一二八七）は建長年間から一〇年ほど下総・上総国を布教した。布教を庇護《ひご》したのは、下総国香取《かとり》郡鏑木《かぶらぎ》郷（旭市）の鏑木胤定《たねさだ》、匝瑳南条《そうさなんじょう》庄（匝瑳市・横芝光町）の椎名胤広《しいなたねひろ》、木内《きうち》庄（香取市）の木内胤朝《たねとも》、荒見胤村《あらみたねむら》など千葉氏でも本宗家ではない分家筋の領主であった。

前述の清凉寺式釈迦如来とは清凉寺（京都市）の本尊で、宋より奝然《ちょうねん》（九三八〜一〇一六）が請来《しょうらい》した像で、生前の釈迦を写した「生身《しょうじん》の釈迦」として信仰を集めた。生身仏は、各地で模刻《もこく》像が造られ信仰が広がったが、生身仏の一つに信濃《しなの》国善光寺《ぜんこうじ》（長野市）の阿弥陀三尊像がある。わが国最古の仏とされ、一枚の光背《こうはい》前に鋳《ちゅう》銅《どう》製の三尊が並ぶ一光三尊《いっこうさんぞん》形式の像である。鎌倉時代中期以降に流行し、なかでも房総はこの像が多く、四〇を超え、阿弥陀仏と往生の願いが際立っている。

往生と仏来迎を再現する仏教劇が行われていた事例も房総には多い。阿弥陀如来が菩薩《ぼさつ》とともに来迎し浄土へ導く様子を演劇化した練供養《ねりくよう》（迎講《むかえこう》）という法会《ほうえ》である。この法会に用いられる菩薩や仏面、また浄土とは反対に地獄の責め苦を示す**亡者・鬼・閻魔《えんま》**

浄福寺の鬼舞面《おにまいめん》(千葉県教育委員会提供) 県指定

王《おう》などの仮面が、迎接寺《こうしょうじ》(成田市)、浄福寺《じょうふくじ》(香取市)、光明寺《こうみょうじ》(旭市)、広済寺《こうさいじ》(横芝光町)、心巌寺《しんがんじ》(鴨川市)、建暦寺《けんりゃくじ》(君津市)に伝来する(111ページコラム参照)。

大般若経書写からみえる人々の交流

大般若経《だいはんにゃきょう》は大般若波羅蜜多経《はらみったきょう》ともいい、三蔵法師玄奘《げんじょう》が漢訳した最大の経典である。わが国では、古代以来、国家鎮護、除災招福の利益があるとして、寺院法会、神前法楽の際に読誦《どくじゅ》されてきた。

現在、神宮寺(香取郡神崎町《こうざきまち》)所蔵の大般若経は、かつては佐倉・八街《やちまた》市に所在した白井庄の六所宮《ろくしょのみや》に一三六三年(貞治二)に奉納され、一五二八年(大永《だいえい》八)に神宮寺に奉納され現代に伝わっている。平安時代後期の写経から南北朝時代の版経と、複数の時代のものから成る。各経巻巻末には書写した人物名と地名、年紀が書かれており、白井庄の南北朝時代の様子をうかがうことができる。奥書に登場する白井庄の地名には、塩古《しおこ》(現在八街市塩古)、世田村(同市勢田)、岡田(同市岡田)、用草《もちくさ》(同市用草)、内田(佐倉市内田)、石神村(同市臼井)などがある。

また、今はすでに廃されている六所宮、栄楽寺、東寿院、弥勒寺《みろくじ》、蓮花院などの寺社も登場する。白井庄以外では、現在の香取市大戸、東金市武射田《むざた》、市原市糸久《いとひさ》、広島県三原・竹原市（沼田庄）といった地名も確認でき、広域から真言僧が往来し、複数の寺社で経典書写を展開したことがわかる。また、書写に関わった真言僧は、鎌倉時代後期に、鎌倉から内房地区、そして、千葉、八街、佐倉市域、さらに葛飾郡を通って武蔵《むさし》国へと真言宗の法流をつないだことが明らかになっている。

大般若経を納める唐櫃《からびつ》。一つの櫃に200巻を納める。現在二合が伝存。櫃の側面には、「下総国白井庄塩古六所宮社壇」「貞治二季癸卯六月日」の銘が刻まれている（個人所蔵。千葉県立中央博物館提供） 県指定

千葉氏の守護神・戦神――妙見信仰

『平家物語』の異本で、千葉氏の物語ともいうべき『源平闘《げんぺいとう》諍録《じょうろく》』に、平将門《まさかど》の危機を救った童子として妙見大菩薩が登場する。千葉氏は、祖である将門から続く戦勝譚を語りつなぎ、宝治《ほうじ》合戦で打撃を被った千葉氏が、一族結束の守護神として鎌倉時代後期に妙見信仰を成立させたと考えられている。

妙見菩薩とは仏教では北極星の尊格であるが、道教の図像を取り入れ、亀の上に立った、あるいは座った童子の姿として成立する。木像、懸仏《かけぼとけ》、絵画（掛け軸）などの形態をとり、千葉氏の勢力が及んだ下総・上総国の各地に、妙見様、星宮神社などとして伝えられていて、千葉氏から分かれた庶家が所領をもった陸奥国、豊前《ぶぜん》国などでも信仰された。　（植野）

中山法華経寺文書《なかやまほけきょうじもんじょ》

日蓮宗の大本山で大切に護られてきた古文書群

↓P21

中山法華経寺では、日蓮ゆかりの書状・典籍などを厳重に護持してきた。日蓮自筆の国宝二件、重要文化財「日蓮自筆遺文《いぶん》」に加え、二〇二四年に新たに重要文化財となったのが「中山法華経寺文書」八三九通である。この文書の時代は中世から明治期までわたる。中世は、歴代貫主《かんしゅ》の置文《おきぶみ》や寺領に関する寄進状など、近世は寺院の運営・経済に関する史料から成る。日蓮宗のみならず、東国の政治・社会の歴史をうかがううえで類例のない貴重な情報を提供する。

写真は一五四五年（天文《てんぶん》十四）に四代古河公方《こがくぼう》足利晴氏《あしかがはるうじ》が発給した安堵状《あんどじょう》。

DATA
重文 市川市中山（中山法華経寺）

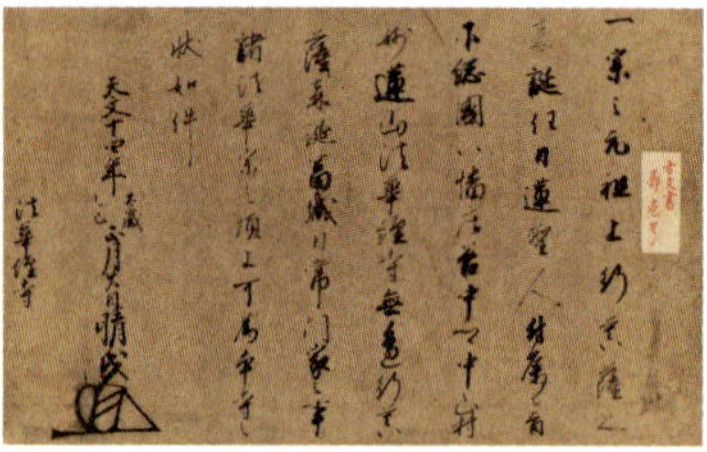

法華経寺を「諸法華宗之頂上」とした文書（中山法華経寺所蔵。文化庁提供）

木造妙見菩薩立像《もくぞうみょうけんぼさつりゅうぞう》

守護神として信仰された千葉氏の妙見

↓P22

東《とう》氏の子孫宅に伝えられてきた像で、現在、東庄町公民館の郷土展示室で公開されている。像高四九センチ、ヒノキ材・割矧造《わりはぎづくり》で、鎌倉時代後期に造立された。髪を長く伸ばし垂らし、童子のような姿をし、口角を下げ正面をにらむような表情をしている。千葉氏と妙見のつながりを物語る史料『源平《げんぺい》戦諍録《とうじょうろく》』には、祖先の平将門《たいらのまさかど》、千葉常胤《ちばつねたね》の孫成胤《なりたね》の戦《いくさ》に、童子姿で加勢する妙見が登場する。また、『紙本著色千葉妙見大縁起絵巻』（一六世紀。千葉市栄福寺所蔵。県指定）でも千葉氏一族を助ける童子姿の妙見が描かれる。

東庄町教育委員会提供

DATA
県指定 東庄町笹川（東庄公民館）

御所覧塚《ごしょらんづか》

→P24

内房地域を走る鎌倉街道（文化庁歴史の道百選）沿いに立つ。源頼朝が房総《ぼうそう》各地の兵を従え鎌倉に向かう際に、塚の上で閲兵したとの伝承を残す。房総にはこうした頼朝の伝承が多数確認されている。

DATA 袖ケ浦市川原井

猪鼻城跡《いのはなじょうあと》

→P19

実際の千葉氏の館は「御殿跡」と呼ばれる現在の千葉地方裁判所周辺。発掘調査から一四～一五世紀中頃まで使用されたと考えられている。城跡には千葉市立郷土博物館が建つ。

DATA 千葉市中央区亥鼻

木造《もくぞう》金剛《こんごう》力士《りきし》立像《りゅうぞう》ほか

→P19

県立中央博物館では、本県の平安末から鎌倉期制作の代表的仏像（重文）の精巧な複製品を鑑賞できる（松戸市萬満寺《まんまんじ》の金剛力士立像、銚子市常燈寺《じょうとうじ》の薬師《やくし》如《にょ》来《らい》坐像、印西《いんざい》市松虫寺《まつむしでら》の七仏薬師《しちぶつやくし》立像）。

DATA 千葉市中央区青葉町（県立中央博物館）

西福寺《さいふくじ》五輪塔《ごりんとう》・宝篋印塔《ほうきょういんとう》

→P20

鎌倉後期の建造で、江戸初期に現在地に移設されたと伝わる。五輪塔は基壇を含め二・九五メートル、宝篋印塔は基壇を含め二・一五メートル。二基とも安山岩製で真言律僧との関わりが注目される。

DATA 県指定 船橋市宮本（西福寺）

那古寺《なごじ》

→P25

鎌倉前期には成立していた坂東三十三所観音霊場の第三十三番札所の結願寺《けちがんじ》。一七三二年（享保《きょうほう》十七）頃建立の観音堂《かんのんどう》、一七六一年（宝暦《ほうれき》十一）建立の多宝塔《たほうとう》が県指定。背後の山に和泉式部《いずみしきぶ》供養塚がある。

DATA 県指定 館山市那古

夢窓国師坐禅窟《むそうこくしざぜんくつ》

→P18

禅僧夢窓疎石は、一三二三年（元亨《げんこう》三）から翌々年まで千町荘《ちまちのしょう》に退耕庵《たいこうあん》（現在の太高寺）を結んだ。本堂背後の山腹の窟内には、修行を積んだ優れた禅僧を意味する金毛の獅子「金毛窟《きんもうくつ》」銘が刻まれる。

DATA 県指定 いすみ市能実

東国の中心地・鎌倉との海を介した文化交流

中世、鎌倉は東国における政治・宗教・文化の中心都市であった。鎌倉と房総《ぼうそう》は海に隔てられてはいるが、人や文物の往来は盛んであった。鎌倉という都市から地方の房総各所との交流では、新しい信仰・儀礼や技術・様式が伝わり広がっていった。

番匠《ばんじょう》・大工《だいく》

建築では、仏堂における禅宗様《ぜんしゅうよう》がある。壁面上部を組物《くみもの》で飾り、垂木《たるき》を扇のように並べる、建物内の上部には鏡板《かがみいた》と化粧小屋裏《けしょうこやうら》を見せるなどの特徴がある。市原市の西願寺《さいがんじ》阿弥陀堂《あみだどう》、鳳来寺観音堂《ほうらいじかんのんどう》はその好例である。一四九五年（明応《めいおう》四）建立の西願寺阿弥陀堂は、鎌倉の大工が手がけたことが部材墨書銘から確認できる。

鋳物師《いもじ》

梵鐘《ぼんしょう》・鰐口《わにぐち》といった鋳造の金工品《きんこうひん》を製作する工匠を鋳物師という。鎌倉時代の鎌倉大仏の製作に参加した河内《かわち》国の丹治《たんじ》・物部《もののべ》・大中臣《おおなかとみ》・広階《ひろしな》氏らのなかには、のちに房総に拠点を設けた者もいた。

上総《かずさ》国刑部《おさかべ》郡針谷《はりがや》郷の広階氏は、眼蔵寺《がんぞうじ》（長生《ちょうせい》郡長柄《ながら》町）の突起物のない無乳《むにゅう》の梵鐘を一二六四年（弘長《こうちょう》四）に鋳造している（紀年銘のある千葉県最古の梵鐘）。上総国望陀《もうだ》郡矢那《やな》郷（木更津《きさらづ》市）の大野氏は、「関東中鋳物棟梁《とうりょう》」「房州鋳物大工職」などと称され、室町から戦国時代にかけて活躍した。

仏師《ぶっし》

仏像・神像を製作する仏師は、京を中心に慶《けい》派・院《いん》派・善《ぜん》派などの一家を成していた。仏師は寺社や公家・武家から依頼を受け、現地での造像も行った。房総には、運慶《うんけい》・快慶《かいけい》が確実に携わったとされる像は伝えられていないが、その工房に属したであろう仏師の作は確認できる。また、院派では、南北朝時代の院廣《いんこう》の作が禅宗寺院に伝わる。

京の仏師に対して、在地にも専門の仏師は存在した。一三七二年(応安《おうあん》五)「市原八幡宮五月会馬野郡内四ヶ村配分状」(覚園寺《かくおんじ》文書)からは、上総国国衙《こくが》の細工所に仏師・番匠・鍛冶《かじ》などが所属していたことがわかる。そうした地元の仏師として「大仏師賢光」を名乗る仏師が、鎌倉時代後期に、現在の千葉・市原・印西《いんざい》市で造仏をしていたことが、仏像の銘文で確認できる。逆に他国から来訪する仏師もおり、戦国時代に紀伊《きい》国から来た仏師浄慶《じょうけい》は、現在の旭《あさひ》市・佐倉市・成田市・栄町・芝山町などで造仏を行った。

西原寺阿弥陀堂。平蔵《へいぞう》城主であった土橋平蔵が建てたとの伝承をもつ。1927年(昭和２)の解体修理で部材から「かまくらの十(住)人二ろう三郎殿　てんか(天下)のめいちん(名人)なり」の銘が発見された(市原市平蔵。市原市教育委員会提供) **重文**

『天神縁起絵巻』中巻のうち「清涼殿落雷」。上・中巻は斐紙《ひし》であるが、下巻は楮紙《ちょし》である(平群天神社所蔵) **県指定**

絵師

南房総市平久里中《へぐりなか》の平群《へぐり》天神社《てんじんしゃ》には、祭神である菅《すが》原道真《わらのみちざね》公の生涯を描いた『天神縁起絵巻』が伝わる。全三巻のうち、上・中巻は南北朝から室町時代にかけて鎌倉の文化圏のなかで制作されたが、下巻は一四四六年(文安《ぶんあん》三)に地元の絵師と考えられる歩石が描いたと奥書にある。また下巻には地元で漉《す》かれた平久里紙が用いられている。(植野)

6章

関東大乱と房総

東国の戦国時代の開始とされる享徳の乱は千葉県域もその舞台となり、足利成氏が鎌倉から下総国古河に拠点を移し古河公方となると、関東の勢力図は大きく変化する。里見氏や武田氏といった新たな勢力が台頭、諸大名は分裂・抗争を繰り返し、やがて関東の覇権を狙う小田原北条氏の進出を招く。

南北朝の内乱

蒙古《もうこ》襲来時に九州に派遣された千葉氏当主頼胤《よりたね》が病死すると、その子宗胤《むねたね》が警固を引き継ぎ、本領の下総《しもうさ》は宗胤の弟胤宗《たねむね》が治めるようになり、やがて対立するようになる。鎌倉幕府が滅び、南北朝の内乱が始まると、足利尊氏《あしかがたかうじ》の北朝側に宗胤の子胤貞《たねさだ》が、後醍醐《ごだいご》天皇側の南朝側に胤宗の子貞胤《さだたね》が付き従い各地で戦に臨んだ。一三三六年（建武《けんむ》三）に貞胤が足利方に降伏し、胤貞が同年に病死したことで、貞胤方が千葉本宗家を継ぎ、胤貞方は九州肥前《ひぜん》小城《おぎ》郡を本拠とする肥前千葉氏となっていく。

室町幕府は関東一〇国を管轄する鎌倉府を鎌倉に置き、将軍の子弟が公方《くぼう》となり、それを補佐する管領《かんれい》を上杉《うえすぎ》氏が世襲した。将軍と公方が代を重ねるにしたがい、権力をめぐっての衝突が起こり、一四一六年（応永《おうえい》二十三）には、上総《かずさ》国守護を務めた上杉朝宗《ともむね》の子氏憲《うじのり》（法名禅秀《ぜんしゅう》）が反乱を起こした（上杉禅秀の乱)。禅秀と婚姻関係にあった千葉兼胤《かねたね》は禅秀側についたが、将軍足利義持《よしもち》は鎌倉公方足利持氏《もちうじ》を救援し、翌年には乱は鎮圧される。その後、一四一八年(同二十五)に上総国で鎌倉府に叛旗を翻した禅秀家臣の埴谷《はにや》(榛谷《はんがや》)重氏《しげうじ》らの上総本一揆《ほんいっき》、一四三八年(永享《えいきょう》十)の鎌倉公方持氏と関東管領上杉憲実《のりざね》が戦った永享の乱、一四四〇年(同十二)の結城《ゆうき》合戦と続いた。これらの衝突は、大きく幕府・関東管領上杉方と鎌倉公方足利氏との抗争であるが、諸大名を巻き込んでおり、東国の戦国時代の開始といわれる享徳《きょうとく》の乱へとつながっていく。

千葉氏本宗家の貞胤と子氏胤《うじたね》は下総《しもうさ》国守護職を確保したが、一門の大須賀《おおすが》・国分《こくぶ》・粟飯原《あいはら》・東《とう》氏などとその庶子は自立的な動きをみせ、千葉氏家臣であった円城寺《えんじょうじ》・中村・原氏らも台頭してくる。貞治《じょうじ》・応安《おうあん》年間(一三六二~七五)には、香取《かとり》社領の押領をめぐって、鎌倉府を巻き込んで香取社、千葉一族とその被官らの対立が激化した。

漆塗金銅装神輿《うるしぬりこんどうそうみこし》。1384年(至徳元)に、鎌倉で制作された神輿4基を将軍足利義満が同社に奉納した。県内の中世神輿として貴重(飯香岡八幡宮所蔵。市原歴史博物館提供) 県指定

千葉氏の分裂

享徳の乱は、一四五四年(享徳三)に鎌倉公方足利成氏《しげうじ》が、関東管領上杉憲忠《のりただ》を暗殺したことを契機に突入した。千葉氏は、本宗家の胤直《たねなお》・胤宣《たねのぶ》父子と被官円城寺氏が上杉氏方となり、庶家の馬加《まくわり》康胤《やすたね》・原

胤房《たねふさ》らと被官原氏が成氏方とに分かれた。馬加康胤方は、胤直らを千葉城、千田庄《ちだのしょう》の多古《たこ》・島城《しまじょう》へと攻め追い詰め、胤直は敗れ自害した。胤直の弟胤賢《たねかた》は逃れるも上総国武射《むさ》郡小堤《おんづみ》で自害した。これにより千葉本宗家は滅び、馬加系が千葉宗家につくこととなる。胤賢の子実胤《さねたね》・自胤《これたね》は、幕府派遣の東常縁《つねより》らの助勢を得て、康胤らを後退させるも、下総国から武蔵《むさし》国へ逃れ、上杉氏配下の武蔵千葉氏となる。

享徳の乱における関東要図(千葉市郷土博物館図録掲載図をもとに作成)

現当二世を願う人々

故人の菩提《ぼだい》を弔う墓標として、回忌の追善を営む供養塔として、あるいは死後の浄土への往生を願うため存命のうちに逆修塔《ぎゃくしゅとう》として、石塔を造立することは中世から広まった。貴顕の者は木造仏塔などを建てえようが、武家あるいは上層農民においては石塔がその中心となった。石塔のなかの板碑《いたび》は、荒川上流を起源として、一三世紀中葉頃から房総《ぼうそう》各地でも建てられるようになった。武蔵型、下総型といった地域的な造形上の特徴を有し、板面に彫り込まれる主尊も釈迦《しゃか》、大日如来《だいにちにょらい》、阿弥陀《あみだ》如来、題目と、地域の信仰に由来した。造立のピークは一五世紀である。

また、故人の埋葬や供養の施設として丘陵部斜面に設けられるやぐらも中世独特の遺構である。一部古墳時代の横穴墓《よこあなぼ》を再利用したものも見受けられるが、おもに房総半島南部に集中して確認できる。一九九六年の千葉県史編纂《へんさん》時の調査では、一五八群五二二基のやぐらを確認している。やぐらの数は鎌倉がもっとも多いが、房総では鎌倉の寺社領であった地に集中している特徴がある。

館山市安東《あんどう》に所在する**千手院《せんじゅいん》やぐら**は、鎌倉の極楽寺《ごくらくじ》領であった。窟内壁には浮彫《うきぼり》された五輪塔があり、奥壁の壇上には、一三五三年(文和《ぶんわ》二)銘の地蔵菩薩坐像《じぞうぼさつざぞう》、文和三年銘の千手観音《せんじゅかんのん》菩薩坐像が据えられている。二躯《く》とも石造で伊豆《いず》産の石である。また、戦国期と考えられる日待供養塔《ひまちくようとう》も窟内にあり、やぐらの上部の尾根には、保存状態がよく南北朝期の特徴を示す宝篋印塔《ほうきょういんとう》一基がある。

千手院やぐら遠景(上)とやぐら上部に建つ宝篋印塔。各部材に欠損がなく保存状態が良好である(館山市。ともに館山市教育委員会提供) **県指定**

館山市水岡《みずおか》の水岡やぐらは、窟壁面に一七基の五輪塔が浮彫されている。奥壁の壇には火葬骨を納めた穴がうがたれている。このやぐらは、もとは古墳時代の横穴墓と思われ、周辺には数基の横穴が残っている。

古河公方の時代

この乱のなか、成氏は鎌倉を出て下総国古河《こが》城に移り、以後五代にわたり古河公方として本拠とする。関東平野の中心部に位置し、西上野《こうずけ》・武蔵・相模《さがみ》の上杉氏領ににらみが利く地政学的な要地で、利《と》根川《ねがわ》水系の河川・湖沼で囲まれた要害でもあった。配下の簗田《やなだ》氏を水海《みずうみ》城（茨城県古河市）、**関宿《せきやど》城**、野田氏を栗橋《くりはし》城（同五霞町）、佐々木氏を騎西《きさい》城（埼玉県加須市）に置き、上杉氏勢と対峙《たいじ》した。

上総国は成氏の有力家臣であった武田信長《たけだのぶなが》が入部し、長南《ちょうなん》城（長南町）・真里谷《まりやつ》城（木更津市）を拠点とした。また、安房《あわ》国には足利氏御一家と呼ばれる里見義実《さとみよしざね》が入部した。義実は白浜《しらはま》城を拠点にやがて内陸部に進出し、義通《よしみち》・義豊《よしとよ》代に本拠となった稲村《いなむら》城（国史跡）を取り立てた。古河公方は、武田・里見氏の上総・安房国への進出によって上杉方の勢力圏を脅かし、江戸湾の物流拠点を押さえたのである。馬加康胤の孫孝胤《のりたね》はこの頃千葉城から本佐倉《もとさくら》城に本拠を移した。佐倉千葉氏の成立である。

このように房総三国が古河公方の勢力下に入ったが、古河公方成氏方と上杉氏方も、相手方の切り崩し、あるいは内部分裂が起こった。一四八二年（文明《ぶんめい》十四）にいったん和睦《わぼく》が成立するも、長くは続かなかった。

一五〇六年（永正《えいしょう》三）には古河公方足利政氏《まさうじ》とその子息高基《たかもと》が抗争に入り、高基の弟義明《よしあき》は小弓《おゆみ》（千葉市中央区生実《おゆみ》）に入り、一五一八年（同十五）には御所を構える。小弓公方の成立である。下総・上総両国は二つの公方の対立のなかで、衝突と和合を繰り返すようになる。

この間、相模・武蔵国で勢力を拡大してきた伊勢宗瑞《いせそうずい》(北条早雲《ほうじょうそううん》)は、一五一六年(同十三)に真里谷武田氏と組んだ上総国茂原《もばら》侵攻を最初に、房総を脅かすようになった。

そして一五三八年(天文《てんぶん》七)、第一次国府台《こうのだい》合戦(市川市)を経て、古河公方晴氏《はるうじ》方の北条氏綱《うじつな》は、小弓公方義明方を撃破する。これにより北条氏は房総への勢力を拡大させていった。

戦国時代の房総

経世塚《けいせいづか》。聖徳大学正門近くに所在。1538年(天文7)、小田原の北条氏綱軍と、小弓公方足利義明・里見氏の両軍による第一次国府台合戦の戦死者を供養するために造られた。陸軍工兵学校建設時に破却されるが、1995年(平成7)に移転のうえ復元された(松戸市。松戸市観光協会提供) 市指定

郡域の領域を支配した領主層を国衆《くにしゅう》という。国衆は時々の情勢に応じ、時に味方、あるいは敵対するなど生存競争のなかを戦略的に生きていた。

下総国においては、千葉氏がもっとも大きな勢力を保っていたが、家臣らは地盤をもち独立した存在としてあった。原氏は小金領、小弓領、臼井《うすい》領と領域を拡大させた。原氏の被官からは、のちに小金領を譲られる小金高城《たかぎ》氏、府川《ふかわ》・夏見御厨《なつみのみくりや》の府川豊島《としま》氏らがいる。

千葉六党《りくとう》の大須賀氏は、松子《まつこ》城(成田市)を本拠とし尾張守《おわりのかみ》を名乗る本宗家と、助崎《すけさき》城(同)を本拠とし信濃《しなの》守《かみ》を名乗る庶家に分かれた。大戸庄を基盤とした国分

氏は矢作城《やはぎ》(香取市)を本拠とした。東氏から海上氏《うなかみ》は中島城《なかじま》(銚子市)を拠点としたが、一五六〇年(永《えい》禄《ろく》三)に里見氏の家臣であった正木氏《まさき》の海上・香取郡進攻によって森山城《もりやま》(香取市)へと移った。

享徳の乱に上総国に進攻し、中部以南を制したのが武田信長である。子上総介を長南城に、その弟清嗣《きよつぐ》を真里谷城に置き、それぞれ長南武田氏、真里谷武田氏として独立して勢を張った。長南武田氏は万喜城《まんぎ》(いすみ市)、池和田城《いけわだ》(市原市)、勝見城《かつみ》(睦沢町)を支城として領域を広げるが、一族内の対立、北条方として里見氏との抗争から安定したものではなかった。真里谷武田氏は、畔蒜庄《あびる》、飯富庄《おふ》、菅生庄《すごう》(三庄とも西上総国の小櫃川《おびつ》流域)などを支配し、小弓公方擁立の時点では上総国内の主役に躍り出るが、一族内の分裂と北条・里見氏の抗争が激化するなかで、領地は北条氏に奪われる。

享徳の乱鎮圧のため東常縁とともに房総に来た幕府奉公衆に浜春利《はまはるとし》(治敏)がいる。春利の子隆賢《たかかた》が土気城《とけ》(千葉市緑区)を拠点に山武郡《さんむ》南部を、その弟隆敏《たかとし》が東金城《とうがね》を拠点に山武郡北部を領域とし、のちに酒井氏《さかい》を名乗る。土気酒井氏は小弓原氏、小弓公方と服属先を変え、また北条氏の他国衆でもあった。その後は里見・上杉方、北条方と変え、小田原合戦の際には北条方として敗れる。東金酒井氏は小弓原氏に従っていたが、服属先をたびたび変えたが、小田原合戦時には北条氏方で敗れている。

永享の乱・結城合戦後に安房国に進出した里見義実は、最初に白浜城(南房総市)に入り白浜湊を手中に収めた。足利御一家として上杉氏に対抗するためである。その後半島内陸部に進出し義通、義豊の代になって稲村城を本拠とする。義通は、一五〇八年(永正五)に安房国総社である鶴谷八幡宮《つるがやはちまんぐう》修造棟札に大檀那《おおだんな》と名のり、一国支配の立場を誇示した。その棟札に重臣正木氏の名も登場する。

義通の子義豊は、一五三三年(天文二)七月に、権力の座をめぐって叔父実堯《さねたか》と正木大膳大夫《だいぜんのだいぶ》通綱《みちつな》を誅殺《ちゅうさつ》したため、内乱が発生する。実堯の子義堯《よしたか》は北条氏の支援を受け、翌年四月に義豊軍を滅ぼした。一五四五年(同十四)に、真里谷武田氏の一族内対立を利用して、佐貫《さぬき》城(富津市)、久留里《くるり》城を奪い上総国内へと進出する。重臣正木時茂《ときしげ》・時忠《ときただ》兄弟も勝浦・長狭《ながさ》・夷隅《いすみ》へと領域を拡大していく。

しかし一五五五年(弘治《こうじ》元)に北条氏に金谷城(富津市)を奪われると、里見氏は越後《えちご》の上杉謙信《けんしん》へ支援を頼んだ。一五六〇年(永禄三)九月、謙信が関東へ進攻してきたため、北条氏は撤退し、里見氏は金谷城を奪還し、下総国西部まで攻め進んだ。正木時茂は同年に香取郡へ進み小見川《おみがわ》城(香取市)を北総進攻の拠点とした。

一五六四年(同七)第二次国府台合戦で北条氏と里見氏は激突し里見方は正木信茂《のぶしげ》が戦死し、その後の北条氏の房総進出をゆるすこととなる。一五六六年(同九)三月に上杉謙信の軍が臼井城(佐倉市)で原胤貞らに大敗し里見氏は形勢不利となるが、翌年の三船山《みふねやま》合戦では北条軍を撃退するにいたる。一五六九年(同十二)六月になると北条氏と上杉氏が同盟(越相《えっそう》同盟)を結び、これに対抗するべく里見氏は武田方と同年末までには同盟(房甲《ぼうこう》同盟)を結ぶ。しかし、武田氏と北条氏が一五七一年(元亀《げんき》二)に同盟を結んでしまい、里見氏は劣勢に立たされる。一五七七年(天正《てんしょう》五)に佐貫城沖の海戦で北条氏に敗れると、十一月に和睦《わぼく》した(房相一和《ぼうそういちわ》)。これによって長きにわたった北条氏との抗争は終わり、一五九〇年(同十八)の小田原合戦をむかえることとなる。

武具・武術と城郭

武具　戦国乱世を象徴するものに、武具と武術がある。千葉氏、上総武田氏の名族は敗れ去り、里見氏も一六一四年(慶《けい》長《ちょう》十九)に伯耆《ほうき》国(鳥取県)へ国替えされ彼《か》の地で滅んでしまうため、戦国大名ゆかりの武具はきわめて少ない。そのなかで長南武田氏の家臣だった家に伝わる「**黒糸《くろいと》肩裾《かたすそ》取《とり》威《おどし》胴丸《どうまる》**」は貴重な甲冑《かっちゅう》といえる。付属する兜《かぶと》の「春田定光作」の銘から、大和《やまと》国(奈良県)の甲冑師が手がけたものであることがわかる。この甲冑は、房総ゆかりの所用の伝はあるものの、関西の仕様と当世具足の形式が見られることから一五九〇年(天正十八)小田原合戦時にもたらされた可能性が指摘されている。

近年注目されているのは、胴に横長の鉄板を五枚連結した五枚胴と呼ばれる形式の胴である。「関東《かんとう》五枚胴具足《ごまいどうぐそく》」と呼ばれ、伊豆・武蔵・上野《こうずけ》・常陸《ひたち》国などで発見されている。武士の信仰が篤《あつ》い上総国**飯香岡《いいがおか》八幡宮**に複数の甲冑が奉納されており、そのなかに関東五枚胴具足一領がある。

火縄銃の伝来によって大きく合戦の戦法も変化したとされる。槍《やり》についても薙《な》ぎ払う効果を高めた

黒糸肩裾取威胴丸。胴は黒漆《うるし》塗りの小札で仕立てとする。胸板と草摺《くさずり》に五七桐紋を金蒔絵で施してある。兜は鉄板十六枚張りのふくらみをもつ阿古陀形《あこだなり》で「春田定光作」の銘がある。旗指物二旒、鎖帷子一領も伝来している。桃山から江戸時代(個人所蔵。千葉県立中央博物館大多喜分館提供) 県指定

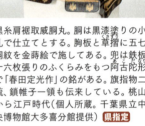

穂先の長い大身槍《おおみやり》が流行する。美濃《みの》国関の刀工「兼明」銘をもつ大身槍が、真里谷武田氏の家臣の家に伝来している。

武術　おもに明治維新以前に成立し体系化された武術を古武道、古武術などと称する。剣術、柔術、槍術《そうじゅつ》のほか、築城術、兵法なども含む総合的な武術として継承されてきた。千葉県には、県無形文化財として、天眞正伝香取神道流《てんしんしょうでんかとりしんとうりゅう》と立身流《たつみりゅう》の二流派が伝承されている。

天眞正伝香取神道流は、室町時代中期に飯篠長威斎家直《いいざさちょういさいいえなお》（一四八八年〈長享二〉没）によって開かれた。天眞正とは鹿島・香取両神から極意を授かったという意味である。開祖家直の墓碑は香取神宮境内にあり、宗家も香取市内に継承されている。

立身流は、永正年間（一五〇四～二一）に伊予《いよ》国（愛媛県）生まれの立身三京《さんきょう》によって創流されたと伝える。江戸時代はおもに佐倉藩と中津藩（大分県中津市）で伝えられた。佐倉での伝統は第十二代逸見《いつみ》宗八《そうはち》が佐倉藩主堀田正亮《ほったまさすけ》に取り立てられてからとされる。明治維新後の警視庁の剣術・居合・柔術の基本として取り入れられた。

城郭　房総の城郭については、一九九六・九七年に千葉県教育委員会が実施した中近世城館跡詳細分布調査によれば、県内で一〇〇〇カ所以上の城郭があり、うち五一五が旧下総国で確認されている。下総国の城郭は台地の先端部を利用したものが多く、上総・安房国の城郭は丘陵部の尾根を利用したものが多いことと、海岸部に集中してあることが大きな特徴である。

（植野）

笠森寺観音堂《かさもりでらかんのんどう》

懸崖《けんがい》にそびえたつ無二の建造物

↓P18

笠森寺は、坂東《ばんどう》三十三所観音霊場の第三一番札所《ふだしょ》であることから、多くの参詣者でにぎわう。岩の上に立つ十一面観音像、それを覆うように建立された観音堂は、山を背にしない、四方懸造《しほうかけづくり》といわれ、櫓《やぐら》の上に建つような特殊な建築である。観音堂回廊からの眺望は圧巻で、眼下の森は国指定天然記念物「笠森寺自然林」である。

また境内には、風神《ふうじん》・雷神《らいじん》と閻魔王《えんまおう》・奪衣婆《だつえば》が安置される山門、仁王尊が安置される仁王門、珍しい六角堂形式の子育地蔵堂などがあり、多彩な信仰を集める霊場の特徴を見ることができる。

著者撮影

DATA
重文 長南町笠森

関宿城跡《せきやどじょうあと》

関東の水運を押さえる重要拠点

↓P21

一四五七年(長禄《ちょうろく》元)、古河《こが》公方《くぼう》足利《あしかが》成氏《しげうじ》の有力家臣簗田《やなだ》氏によって築城されたと伝わる。関東平野のほぼ中央にあり、水上交通の要衝としてきわめて重要な城であった。

江戸時代は、利根川水運の中継地点に位置していたことから、幕府にも重要視された。発掘調査では、本丸跡の一部、内濠、二の丸跡、三の丸跡、発端《ほったん》曲輪《くるわ》跡、武家屋敷跡などの遺構が確認された。

なお、関宿城跡から北東数百メートル先のスーパー堤防上に建つ県立関宿城博物館には、城跡から発掘された出土品が保管されている。

野田市教育委員会提供

DATA
野田市関宿三軒家

中《なか》村《むら》檀《だん》林《りん》日《にち》本《ほん》寺《じ》

↓P22

飯高《いいだか》檀林・小西《こにし》檀林と並ぶ近世の日蓮宗の学問所。山門に掲げられた山号額「正東山《しょうとうざん》」は、江戸初期の芸術家本阿弥光《ほんあみこう》悦《えつ》の筆で、池上本門寺《いけがみほんもんじ》・中山法華経寺《なかやまほけきょうじ》とともに日本三額の一つといわれる。

DATA 町指定 多古町南中

飯《いい》香《が》岡《おか》八《はち》幡《まん》宮《ぐう》

↓P19

上総《かずさ》国総社《そうじゃ》。室町中期の本殿(重文)、一六九一年(元禄《げんろく》四)の拝殿(県指定)があり、それを幣殿《へいでん》がつなぐ権現造《ごんげんづくり》。社殿脇には夫婦和合、安産子育の利益がある夫婦銀杏《めおといちょう》(県指定)が保護されている。

DATA 重文 県指定 市原市八幡

坂《さか》田《た》城《じょう》跡《あと》

↓P18

栗山川《くりやまがわ》右岸の台地と平野が接する地に所在。千葉氏家臣の三谷《さんがや》氏が築き、戦国前期に井田《いだ》氏が改修したと伝える。里見《さとみ》・正木《まさき》氏の北上攻撃の前線基地であった。曲輪《くるわ》が直線的に続く大規模な中世城郭。

DATA 横芝光町坂田

久《く》留《る》里《り》城《じょう》跡《あと》

↓P24

里見義堯《よしたか》が上総国の拠点とした。南北に長く、数多い堀や尾根を切り込んだ遺構が特徴で、近世には土屋《つちや》・黒田《くろだ》氏などの居城に。よく霧がかかり、雨が降っているように見えたことから「雨城《うじょう》」とも。

DATA 君津市久留里

神《じん》野《や》寺《じ》

↓P24

聖徳太子《しょうとくたいし》が開創し、源頼朝《みなもとのよりとも》、上総武田《たけだ》氏、里見義堯らに庇護《ひご》されてきた縁起をもつ。室町時代建立の表門《おもてもん》(重文)、一七〇八年(宝永《ほうえい》五)の重層の屋根をもつ本堂(県指定)は類例の少ない重厚な建物である。

DATA 重文 県指定 君津市鹿野山

勝《かつ》山《やま》城《じょう》(加《か》知《ち》山《やま》城)跡《あと》

↓P25

浦賀水道を見渡せる丘陵上にある。岩盤を利用した堀・障壁があり、入江に向けて曲輪が造られる。入江を湊《みなと》とした海《うみ》城《じろ》で、城主は正木輝綱《てるつな》である。造海《つくろうみ》・金《かな》谷《や》城とともに水軍の基地でもあった。

DATA 鋸南町下佐久間・勝山・竜島

コラム

もっと知りたい! 深掘り千葉県史 ③

今日まで伝わる中世の祭儀と芸能

練供養の菩薩・鬼の仮面

室町時代に連歌《れんが》を大成させた宗祇《そうぎ》(一四二一〜一五〇二)の弟子宗長《そうちょう》(一四四八〜一五三二)は、一五〇九年(永正《えいしょう》六)、東国の旅の途中に下総国《しもうさ》を訪れ、法華経寺《ほけきょうじ》(市川市)、本行寺《ほんぎょうじ》(千葉市中央区)を宿とした。十月には千葉妙見宮《みょうけんぐう》の祭礼を見物した。そこで、競《くら》べ馬、延年《えんねん》の猿楽《さるがく》、能を見ている。延年とは祭礼や慶事の際に、僧侶や稚児によって演じられた舞楽《ぶがく》や風流《ふりゅう》などの芸能であった。

中世の文献史料には、こうした芸能の記事を見ることができる。藻原寺《そうげんじ》(茂原《もばら》市)では、新造された本尊安置の慶祝に「延年大衆・殿原左右楽屋ニテ勤之」とある。本土寺《ほんどじ》(松戸市)の鎌倉から戦国時代に至る僧侶・檀越《だんおつ》らの没年や合戦情報を記録する「本土寺過去帳」では複数の「猿楽師」が登場する。

これらの芸能は今日まで伝承されていないが、数少ない貴重な事例に横芝光《よこしばひかり》町虫生《むしょう》区の鬼来迎《きらいごう》という仏教劇がある。広済寺《こうさいじ》の八月の施餓鬼《せがき》法要に、地元の在家の人々によって演じられる。現在は、大序《だいじょ》、賽《さい》の河原、釜入れ、死出の旅の四段が継承される。奪衣婆《だつえば》、閻魔《えんま》、鬼などの地獄での責め苦から、観音菩薩《かんのんぼさつ》、地蔵《じぞう》菩薩によって救済される内容である。院政期以降に阿弥陀仏《あみだぶつ》の来迎を演じる仮面劇として成立し、練供養《ねりくよう》、迎講《むかえこう》などと呼ばれ、各地で行われた。千葉県内では鬼来迎以外の劇の上演はとだえたが、成田・香取《かとり》・旭《あさひ》・鴨川《かもがわ》・君津《きみつ》市には練供養で用いられた中世からの菩薩面などが保存されている。

絵巻に残る古代以来の伝統神事

香取神宮(香取市)では一二年に一度、午《うま》の年に神幸祭《じんこうさい》が執行される。津宮《つのみや》沖で鹿島《かしま》の神が乗った龍頭《りゅうず》船と、香取の神が乗った鷁首《げきしゅ》船の出合いが劇的に挙行され、おらんだ楽隊と称される御座船引船隊が奏でる囃子《はやし》などがよく知られている。

祭礼の本来の目的は、香取の神が津宮から上陸し亀甲山《かめがせやま》に鎮座した神話を再現するもので、現在も神の船を象徴する御船木《おふなぎ》が渡御《とぎょ》する。こうした御船木の渡御は、鎌倉時代に成立し室町時代に書写された「香取神宮神幸祭絵巻」にも描かれ、古代以来の伝統を今に伝えている。（植野）

広済寺所蔵の鬼来迎面。この面は保存されていて上演に使用される面は３代目であるという（横芝光町提供） **県指定**

現代の香取神宮神幸祭。津宮に渡ってきた香取神が利根川の御座船（ござぶね）に向かうところ（香取市提供）

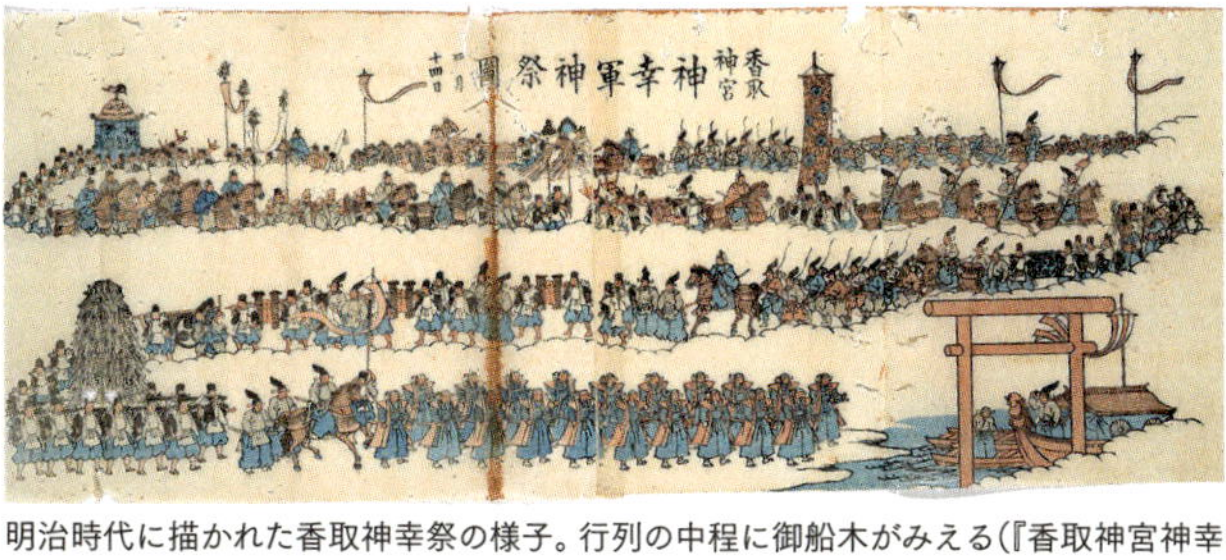

明治時代に描かれた香取神幸祭の様子。行列の中程に御船木がみえる（『香取神宮神幸軍神祭図』千葉県立中央博物館所蔵）

7章 江戸幕府との密接なつながり

天下泰平の時代が訪れると、房総は江戸に隣接する要所として譜代の有力大名が配置され、現在につながる町づくりが各地で行われた。また、房総各地に広がる牧は軍馬の供給地として重要な役割を担い、それらは明治の廃止後、新たな入植地として開墾が進められるようになる。

利根川の整備と水運網の発達

新潟県と群馬県との県境付近を源流とする利根川《とねがわ》が、現在のように銚子《ちょうし》河口から太平洋へと注ぐようになったのは近世初期のことであって、それまでの利根川は東京湾へと注いでいた。現在の江戸川との分岐点にあたる千葉県野田市関宿《せきやど》付近は関東平野の中心にあたり、その地理的環境から戦国時代には関東支配の要所として注目されていたが、利根川のほかに渡良瀬川《わたらせがわ》などの大河が集まっているため治水が非常に難しい場所であった。関東に入った徳川政権も早い段階から関東代官頭の伊奈《いな》氏にこの地域の大規模な治水事業に着手させている。

伊奈一族による一連の治水工事の結果、東京湾へ流れていた利根川と渡良瀬川は合流して、これが銚子河口へ流れる本流となった。そして関宿地先で東京湾へ流れる江戸川を分流させ、本流はその先で鬼怒川《きぬがわ》や小貝川《こがいがわ》と合流し、さらに霞ケ浦《かすみがうら》や北浦と一体となって銚子河口へと流れることとなった。

このような大事業により、利根川流域の関東各地が江戸と水運によって直接結びつくこととなったのは一六五四年(承応《じょうおう》三)頃といわれている。以降、利根川は江戸を中心とする関東の広域な経済圏の大動脈として大きな役割を担うこととなっていく。流域の各地は江戸とつながるだけではなく、利根川上流から先の長野や新潟方面との交流も盛んとなり、また渡良瀬川は栃木や福島方面、霞ケ浦や北浦も茨城から福島方面とを結びつけた。とくに銚子河口は東廻り海運との結節点でもあるので、利根川は東日本全体をつなぐネットワークのなかで内陸水運の主要なルートとして非常に大きな意味をもつようになった。その結果、利根川流域の河岸は地域における経済や文化の拠点となって発展していった。

歌川広重『富士三十六景　鴻之台とね川』(国立国会図書館所蔵)

徳川氏の房総支配

小田原城の北条《ほうじょう》氏を破った豊臣秀吉《とよとみひでよし》に従っていた徳川家康《とくがわいえやす》は、上総《かずさ》・下総《しもうさ》の両国を含む北条氏旧領への領地替えを命じられる。そして一五九〇年(天正《てんしょう》十八)に、江戸へ拠点を移した徳川氏による関東の広域的な支配が始まった。房総《ぼうそう》では安房《あわ》国の里見《さとみ》氏や隣接する常陸《ひたち》国には佐《さ》竹《たけ》氏らの大名が勢力を保持していたので、そうした国境に対峙《たいじ》する要所には主要な家臣を配置した。上総国大多喜《おおたき》には本多忠勝《ほんだただかつ》、下総国香取《かとり》郡の矢作《やはぎ》には鳥居元忠《とりいもとただ》、同国海上《うなかみ》郡網戸《あじと》には木曽義昌《きそよしまさ》、また同国葛飾《かつしか》郡関宿には松平康元《まつだいらやすもと》らがそれぞれ配置された。やがて一六〇〇年(慶長《けいちょう》五)の関ヶ原の合戦で徳川の東軍が勝利すると、大坂に残る豊臣方に対抗するため徳川の主要な武将たちは再び東海方面へ配置替えとなる。そして一六〇二年に常陸の佐竹氏は出羽《でわ》国へ、一六一四年に安房の里見氏は伯耆《ほうき》国へと移され、房総は江戸を支える要所として、徳川家の多くの譜代藩が配置されることになる。幕府の要職は譜代大名が務め、彼らの領地は関東周辺に配置され、房総では関宿藩や佐倉《さくら》藩、大多喜藩などは藩主が老中職を務めるなど幕府にとっても重要な地域となっていた。

　関東へ入った家康は精力的に房総各地を来訪しており、そうした家康の視察を契機とした由緒をもつ事項も多く伝えられている。行徳《ぎょうとく》の塩生産は東金《とうがね》へ鷹狩りに出かける際に行徳を通行した家康がその塩田の様子を見てたいそう喜び、また三代将軍家光《いえみつ》も江戸近郊に塩生産地があることを「江戸城中にあるのも同然」として多額の金子《きんす》を貸し与え、以降幕府からの保護を受けているという由緒をもっている。また江戸と木更津《きさらづ》を結ぶ江戸内湾の航路は、通称木更津船とも呼ばれるが、一六一四年の大坂の陣での木更津の水夫への報奨として、江戸・木更津間での渡船営業権などの特権が家康から与えられたといういわれをもっており、それを根拠に近世を通じて内湾輸送での優位性を主張している。

有力大名の配置と城下町の発展

佐倉城跡（佐倉市提供）

房総各地に形成された城下町では城を中心に、武家地や寺社地などの計画的な町割りがなされており、今でもその景観を伝えている。

房総最大の佐倉藩は鹿島川《かしまがわ》を外堀としてその際の高台の上に本丸を置いている。そこには戦国期までは鹿島城が存在しており、それを近世になって改修したものである。近世になると戦闘時よりも恒常的な城下の運営に主眼を置いた城下町が形成されていった。**佐倉城**を核として武家地としての奉公人たちの居住空間が広がり、そことは別に寺社地や職人などの町人や百姓たちの生活空間が設けられていた。これは兵農分離による全国的な城下町の配置であり、房総の大多喜や関宿などの城下でも同様の町割りがなされている。

房総の城下町は領内における政治の中心地であったが、経済的にはそうではなく、領内に複数ある交通の要所が町場として発展していたので、城下町に経済活動が集中せず、町場の所在する場所の機能に合わせて役割が分散されていた。佐倉藩においては登戸《のぶと》や寒川《さむかわ》などの江戸へとつながる交通の要所が発展しており、また佐倉の町も成田山新勝寺《しんしょうじ》への参詣路として宿場的な機能も強くもっていた。いずれも江戸と隣接していたことが背景にあり、こうした江戸の影響が房総の城下町の機能構造にも影響をもたらしていたといえる。

一方、**大多喜城**は夷隅《いすみ》山系に囲まれ曲流する夷隅川の断崖の上に建てられた防備に優れた城で、一五九〇年（天正十八）に**本多忠勝**が入り近世的な城下町が整備される。当時の様子を記した珍しい記録として**ドン・ロドリゴ**の「日本見聞録」がある。ロドリゴは一六〇九年（慶長十四）にフィリピン長官の任を終えメキシコに帰るためスペイン船サンフランシスコ号に乗っていたが、夷隅郡岩田沖で座礁したため大多喜藩領岩田村に救助され大多喜城へと案内された。その記録によれば、城下は人口一万二〇〇〇人もの町であるとし、第一の門の外側には深い堀があり、吊り下げるしかけの橋が架かっていたという。第二の門には三〇名ほどの兵士が槍《やり》を構えていた。その先の本多忠朝《ただとも》の居室に案内され、そこは金銀の装飾が鮮やかだったということである。大多喜が防御に堅い城であり、また多くの人々が集う城下だった様子が断片ながらうかがえる。大多喜城下は七町から成っており、中央にカギ状に屈折した大きな通りがあってその両側に短冊状の商家が軒を連ねる上総でも有数の町場としてにぎわっていた。

本多忠勝像（良玄寺所蔵。千葉県立中央博物館大多喜城分館保管） 県指定

幕府による牧経営

戦国大名が有していた房総の牧は、江戸幕府に引き継がれ、近世を通じて軍馬の供給地として重要

な役割を担っていた。房総には県の中央部に広がっていた佐倉牧、県北西部に広がっていた小金《こがね》牧、それに県南部の丘陵地に開かれた嶺岡《みねおか》牧という大きな三つの牧があった。それぞれの牧は内部にいくつかの牧場があり、佐倉牧は油田《あぶらだ》、矢作、取香《とっこう》、内野、高野、柳沢、小間子《おまご》の七牧、小金牧は、高田台、上野《かみの》、中野、下野《しもの》、印西《いんざい》の五牧、嶺岡牧は西一、西二、東上、東下、柱木《はしらぎ》の五牧があった。

牧場といっても現代の牧場と違い林野が広がる丘陵地に放し飼いにされるので、そのなかに生息する馬は、自然のなかの野生そのものの馬であり野馬《のま》と呼ばれた。

普段は馬がのんびりと過ごす風景が見られたようで、歌川広重《うたがわひろしげ》は馬が水を飲む様子を大胆な構図で広大な牧の風景を描き、小林一茶《こばやしいっさ》も「下陰を探してよぶや親の馬」や「母馬が番して呑ます清水かな」のような、牧ののどかな景色を句に詠んでいる。

牧の周辺では通常の村の営みが行われていたが、そうした牧付の村が実際の管理運営にあたっていた。毎日の牧場の見回りと必要に応じて牧場内の倒木の撤去や馬の水飲み場となる井戸の浚《さら》い、負傷した馬の保護などの負担もあった。また、年に一度行われた野馬捕りの際には、大勢の村人が人足として動員された。

こうした牧の管理について現地で中心的な役割を担ったのが牧士《もくし》と呼ばれた人々である。彼らの多くは牧周辺の村に住む有力百姓であり、通常は百姓身分であるが、牧の業務に携わる際には苗字《みょうじ》帯刀《たいとう》が認められて武士身分となる特別な立場の百姓だった。多くは世襲で近世初期の由緒書を伝えている家もあった。

牧周辺の村では、耕作地へ野馬が侵入するのを防ぐために長大な野馬土手を築き、それを維持しなければならなかった。それは村の耕作地が拡大していく近世初期から行われており、普請に関する経費について領主と村との協議が牧士を交えて何度も行われている。村々にとっては、日常的な生活範囲と野馬の生息域との区分や、耕地と牧との境界が重要な問題だったのである。

そのほか、牧では良馬を捕獲する野馬捕りのための捕込《とっこめ》と呼ばれる施設も何箇所か設けられており、そこで野馬捕りが毎年行われた。捕込の内部は土塁によって区分けされ、馬を捕らえる「捕込」、軍馬として幕府へ送る馬や農耕馬や役馬として払い下げる馬をとどめておく「溜込《ためごめ》」、若い馬などを野に返す「払込《はらいごめ》(分込)」の三区画から成っていた。現在でも各地にそうした捕込跡が残されている。とくに鎌ケ谷市の下総小金中野牧跡(国史跡)は元文《げんぶん》年間(一七三六～四一)の構築と伝えられる土手囲いの区画が残る。また、香取《かとり》市の佐倉油田牧の野馬込跡も三カ所に区画された捕獲施設が残されている。

小金原の牧は江戸に近いこともあって、ここで将軍による鹿《しし》狩りが江戸時代に四回行われた。鷹狩りなど武芸を好んだ八代将軍吉宗《よしむね》が一七二五年(享保《きょうほう》十)と翌一七二六年、十一代将軍の家斉《いえなり》が一七九五年(寛政《かんせい》七)、そして十二代将軍の家慶《いえよし》が一八四九年(嘉永《かえい》二)に行っている。最後となった家慶の小金牧の鹿狩りは、開発による獲物の減少もあって、かなりの広範囲から長期間にわたって勢子《せこ》による獲物の追い出しが行われた。鹿狩りの目的は、吉宗の時代は害獣の駆除と武芸の奨励と旗本たちの武意識の向上といった軍事調練の意味が重要だったが、一八四九年の鹿狩りは民衆の心を将軍に向けさせるための壮大な政治パフォーマンスの機会としたい幕府の狙いがあった。実際に将軍の観覧所である御立場《おたつば》の建設や広範囲の村々からの勢子の徴発の命令、それに狩りをする旗本たちの選出や将軍が江戸川を渡るための臨時の架橋などのほか、実施後の獲物の配分や勢子らへの褒美の配布といった多くの事務手続きがあり、その準備を専門に担当する御用調所が設けられたものの、大名領や旗本知行所が交錯する下総での実施準備は非常に大変であり、動員された人数は記録によっては武士が約二万五〇〇〇人、百姓が約一八〇〇カ村から五万人が関わったといわれている。

江戸市中でも五五年ぶりとなる鹿狩りへの関心も高く、数年前から鹿狩りを題材とした錦絵も刊行されている。このように人々の関心を徳川将軍に集めようとしたのは、内憂外患といわれた当時の社会状況を打破する狙いがあったからである。当時は国内各地で風紀の乱れが噴出し、外からは異国船の来航が頻繁になってきている混乱した状況下であり、鹿狩りという壮大な軍事的儀式を挙行することで、陰りのみえてきた幕府への信頼感と将軍への畏敬の念を獲得しようとしたのである。

歌川広重『下総小金原』(国立国会図書館所蔵)

房総の広大な牧は明治になると廃止となり、やがて禄を失った士族たちが入植し畑作地や酪農地として開墾が進められていくことになる。

（米谷）

小《こ》金《がね》原《はら》のしし狩《が》り資《し》料《りょう》

→P23

歴代将軍による大規模な狩りの記憶

下総《しもうさ》台地の小金原では四回の鹿狩りが歴代将軍によって行われた。多くの旗本や百姓の勢子《せこ》を動員して行う大がかりなもので、県内各地の村には人足たちの目印として立てられた村小旗などが残されている。

一八四九年(嘉永《かえい》二)の鹿狩りの際に勢子として動員された上総国武射《むさ》郡稲葉村(現八街市)の百姓が無事に帰村した記念に鎮守へ奉納した絵馬には、将軍が上覧する御立場《おたつば》を中心に、網を張り巡らした騎射場、警衛の先手組、近隣村落から徴発した勢子人足による人垣など、鹿狩りの様子が詳しく描かれている。

稲葉神明社の絵馬(八街市郷土資料館提供)

DATA 県指定 八街市八街(八街市郷土資料館)ほか

大《おお》多《た》喜《き》城《じょう》本《ほん》丸《まる》跡《あと》

→P18

忠勝築城時の井戸が残る

夷隅川《いすみがわ》の台地上に位置しており、徳川四天王の一人といわれた本多忠勝《ほんだただかつ》が一〇万石を拝領し城主となって戦国時代からの城を近世城郭へと大規模に改修した。その後は阿部《あべ》氏、稲《いな》垣《がき》氏、大河内《おおこうち》氏などが城主となっている。

現在、本丸跡には県立中央博物館大多喜城分館が所在し、隣接する県立大多喜高等学校のグラウンドの一隅に忠勝が掘らせたという大井戸と移設された薬《や》医《い》門《もん》(ともに県指定)が残されている。

また大多喜の町中には城下町としての面影を残す商家の建築物などが残されている。

県指定 薬医門(千葉県教育委員会提供)

DATA 県指定 大多喜町大多喜

ドン・ロドリゴ上陸地《じょうりくち》

↓P18

岩田沖で救助されたロドリゴの上陸地に近い丘に一九二八年(昭和三)、日本、スペイン、メキシコ修好の契機として「日・西・墨三国交通発祥記念之碑」が建てられている。

DATA 県指定 御宿町岩和田

下総《しもうさ》小金《こがね》中野《なかの》牧《まき》跡《あと》

↓P20

徳川幕府は下総国においた小金三牧のうち、中野牧を幕府の直轄の牧として野馬奉行に管轄させ、在地の牧士《もくし》が管理をした。馬を捕獲する捕込《とっこめ》跡がよく残されている。

DATA 国史 鎌ケ谷市東中沢ほか

下総《しもうさ》佐倉《さくら》油田《あぶらだ》牧《まき》跡《あと》

↓P22

江戸幕府が直轄した佐倉七牧の一つ。外周を囲む野馬除土手跡や内部を仕切る勢子土手跡、馬を集めて選別する野馬込跡などの遺構が、良好な状態で残っている。

DATA 国史 香取市九美上

千葉《ちば》県立《けんりつ》関宿《せきやど》城《じょう》博物館《はくぶつかん》

↓P21

関宿城の天守を想定復元した外観の博物館で、利根川《とねがわ》と江戸川の分岐点に建つ。館内では関宿藩の歴史をはじめ利根川水系の流路の変遷や治水や利水、河川交通や流域の諸産業などを紹介している。

DATA 野田市関宿三軒家

天正《てんしょう》検地《けんち》帳《ちょう》

↓P21

全国的に実施された太閤《たいこう》検地は房総《ぼうそう》でも一五九〇年(天正十八)から行われ、冊子装で正副二部が原本として作成された。県内では写本を含めて五〇件以上が確認されている。

DATA 県指定 船橋市西船(船橋市西図書館)ほか県内各地

千葉《ちば》御茶屋《おちゃや》御殿《ごてん》跡《あと》

↓P18

徳川将軍家が鷹狩りに向かう際の休息所として利用した施設跡。家康の狩猟にあわせて御成街道とともに短期間で建造されたといわれる。土塁や外周の薬研堀《やげんぼり》が残っている。

DATA 市指定 千葉市若葉区御殿町

8章

特産品の誕生と地方文化の隆盛

江戸との流通網が形成されていった房総地域では、醤油などの醸造業、干鰯などの魚肥生産が盛んとなり、それらは全国に知られる特産品となっていく。また、商業活動の広がりは都市部だけでなく周辺地域での文化交流を興し、有力農民層のなかには江戸の文化人の経済的な支援者になったものもいた。

流通網の多様化と河岸の発達

利根川《とねがわ》・江戸川の水運は当初は年貢米などの領主荷物を安定的に輸送するために整備されたが、江戸が大都市として発展していくとともにそのルートを使って商品荷物も運ばれるようになる。江戸に隣接する房総《ぼうそう》は食料や燃料などの生活物資の供給地としてさまざまな産業が発達していき、そして近世中期以降に関東各地の地方都市への輸送荷物も増加してくると、それにともなって新しい輸送業者の台頭や新ルートが開設されるなど流通網も多様化していった。また、江戸内湾地域においても五大力船《ごだいりきせん》や押送船《おしおくりぶね》が輸送船として活躍していた。そうした海船により上総《かずさ》や安房《あわ》地方も江戸との交流が盛んとなり、それは江戸湾へ注ぐ養老川《ようろうがわ》や小櫃川《おびつがわ》、小糸川などの河川水運により、さらに上総地方の内陸部までつながる江戸との流通網が形成されていった。

佐原の大祭（水郷佐原観光協会提供）

物流の拠点となる河岸は遠隔地と地域をつなぐ結節点であり、とくに利根川への支流が存在する河口付近は天然の船着き場として近世初期から水運の要所となっていた。利根川下流域の佐原《さわら》、小見川《おみがわ》、笹川《ささがわ》などはその代表的な河岸であった。河岸は村の一部であり、名主も存在するが河岸の管理運営は河岸問屋が中心となっていた。河岸問屋と名主役を兼務する例もあり町場である河岸が、村の中心となっていた。村の内部も交通関連に従事する人々が多く、村全体が水運と大きく関わっている状況になっていた。河岸は地域の経済の中心であり、活発な人の行き来によりさまざまな文化が交流する拠点となっていった。

佐原は水運がにぎやかだった頃の面影が現在でも残されており、蔵造りの商家が並ぶ町並みや町衆によって運営されてきた夏と秋の大規模な山車祭りなどの文化が今も引き継がれている。

『大日本物産図会　下総国醤油製造之図』(千葉県立中央博物館大利根分館所蔵)

醸造業の発達

房総の特産品として大きく発達したのが酒や醤油などの醸造業である。近世初期から新田開発が進められた房総地方は米穀類の一大産地であり、それらを原料とした醸造業が盛んになっていった。とくに船による物資輸送の便があった河川の流域で顕著に発達していく。原材料となる米や小麦などの穀物や塩はもちろんのこと、酒や醤油などの製品についてもその輸送には陸上交通よりも水運を利用したほうがはるかに有効だったからである。そのため房総の醸造業は水運網に沿って発達していったといえる。

醤油製造は原料となる小麦が常陸《ひたち》国が一大産地であり、江戸を経由して入ってくる関西をはじめとする各地の塩が原料として使用された。当初は流域の在方町や近隣での消費を主とした地廻り醤油だったが、近世後期には江戸市中でも西国方面からの下り醤油に代わるほど販路を広げていった。野田や銚子《ちょうし》の醤油産業は大きく発展し、近代になって水運から陸上へと輸送手段が変わっても、製造者たちは合併や組合を結成するなどして近代化を進め、現在でも千葉を代表する特産品として引き継がれている。

　また近世中期以降は河川流域以外の内陸部にも醸造業を営む者が増え、近隣地域での消費を想定した小規模な商業活動を営む者が各地に登場する。そうした傾向は海岸地域にもみられ、それぞれが出荷先を棲《す》み分けながら、近世中期以降は房総各地で醸造業が営まれていた。

〆粕の製造・出荷の風景(ジオラマ部分。千葉県立中央博物館提供)

房総の鰯漁と魚肥の流通

　房総を代表する特産品の一つが**干鰯**《ほしか》や**〆粕**《しめかす》などの魚肥である。魚肥はとくに関西で盛んだった綿花栽培に適していたため、近世初期から関西漁民が房総半島へ入って鰯《いわし》漁を展開していた。当初は旅網《たびあみ》として漁期に上総や安房地方へ来て沖合での八手網《やつであみ》を行っていた。そして房総からの魚肥は関西向けに江戸湾の入り口にあたる東浦賀へ集積されていた。東浦賀に干鰯問屋が創設されたのは一六四二年(寛永《かんえい》十九)といわれる。その後、関東での魚肥需要の高まりとともに関西からの漁民たちも房総へ定住するようになると、しだいに房総の地元網での漁業が大きくなっていく。そして一七〇三年(元禄《げんろく》十六)に房総半島沖で発生した元禄地震の津波被害を契機に関西漁民から地元民へと漁の主体が移っていき、それ以降、八手網とともに地曳網が九十九里地方で大きく発展していった。

関西以外での魚肥需要が高まる元禄期には、江戸の干鰯問屋が台頭し深川に干鰯場が整備されると干鰯の流通構造も大きく転換していく。生産地である房総でも輸送ルートが整備され、外房からは海路により浦賀や江戸へと運ばれたが、九十九里方面からは内陸を輸送して江戸内湾沿いの寒川《さむかわ》や曽我《そが》野《の》などの湊《みなと》から五大力船で江戸へ運ばれた。また、九十九里北部からは利根川流域の河岸へ陸送され、そこから高瀬船で江戸や北関東方面へと運ばれていった。こうして房総は干鰯や〆粕の日本有数の生産地となり、木綿産業の発展とともに房総の干鰯は第一級の金肥《きんぴ》として全国に知られていった。また、江戸干鰯問屋を経由する以外の流通経路も発展していく。基本的に魚肥は江戸では消費されるわけではなく農村地帯が消費地になるので、関東各地の地方都市の商人の関心も高かった。そのため関東以北で消費される商品は、江戸を経由せずに利根川と江戸川の分岐点である関宿《せきやど》などの流通の要所が集積地となっていった。このように房総の魚肥生産は、浜での魚の仕入れから流通に至るまで、江戸商人だけではなく地方都市の商人資本も加わる巨大な産業として注目されていた。

小林一茶、平田篤胤……房総に残る文化人たちの足跡

江戸とのつながりが密だった利根川流域や江戸内湾地域では、活発な商業活動が行われ、そうした経済的基盤を背景に高度な文化的な活動も行われていた。とくに近世後期になると文化人の活動は町

場だけではなく周辺の有力農民層にも広がっており、活発な交流をとおして濃密な文化ネットワークが形成されていた。そうした人々のつながりを背景に江戸から著名な文化人も房総地方へはたびたび来訪しており、その際に門人となる地方文人も多かった。彼らは江戸の文化人の経済的な支援者でもあり、房総の人々が江戸の文化を間接的に支えていたといえる。

俳諧の小林一茶《こばやしいっさ》や国学の平田篤胤《ひらたあつたね》、和算の剣持章行《けんもちあきゆき》など、江戸の著名な多くの文化人が房総各地にその足跡を残している。とくに小林一茶は、流山の秋元双樹《あきもとそうじゅ》や富津の織本花嶠《おりもとかきょう》とは交流も深く、何度も来訪している。また学問思想の面でも江戸からの進んだ文化を受け入れた房総の人々は、その文化をそのまま模倣するのではなく、地域の特徴を背景とした独自の文化を再生産していった。とくに平田篤胤の来訪は下総《しもうさ》地方の国学者たちに大きな影響をもたらした。それは下総国学と呼ばれる独自の文化として発展し、その後の房総の近代にも影響を及ぼしていった。また、稲葉黙斎《いなばもくさい》による道学の教えも上総地方に定着し、実践的な道徳思想である上総道学として引き継がれていった。

和算文化の流行

佐原村の名主役であり河岸問屋も務めた伊能三郎右衛門《いのうさぶろうえもん》家の当主伊能忠敬《ただたか》は、隠居後に江戸へ出て実測による日本地図を初めて作ったことで知られている。昼は地上で道の距離を測るほか、富士山などの目標物の方位や坂道の傾斜の角度などを測り、夜は恒星の方角や角度などを観測し、得られた膨大な数値を計算し、平面な紙の上に正確な地図にして日本の姿を描き出したわけだが、そうした作業には高度な数学的知識が基礎となっていることはいうまでもない。江戸時代には日本各地で高度な数学文化が発達していた。それは全国規模での経済活動の活性化により、多くの人々に計算能力が求められるようになったからだが、さらに数学方面に関心をもった人々は幾何学的な図形問題に挑むなど、高度な数学の世界に関心を広げていった。

数学問題を解く際のひらめきは神仏のご加護に通じるものであって、発案した問題を額に仕立てて成田山などの著名な寺社へ奉納することが流行する。またそのように県内各地の寺社へ奉納された算額を書き写し、自ら研鑽《けんさん》する和算家も多かった。香取《かとり》郡万歳《まんざい》村(旭市)の花香安精《はなかあんせい》とその門人たちが勉学に励んだ記録は「**房総数学文庫**」としてまとめられており、そこには現在は失われてしまった算額も多く記されており、当時の和算文化の状況を伝える貴重な資料群となっている。

村の経営思想

江戸との近接性により経済や文化が発達した房総では、近世後期には農村部まで経済活動が浸透し、経済的な地域格差が顕在化してきていた。村の町場化にともなう若者の風紀の乱れは村を運営する村役人たちの悩みであり、彼ら若者層の行動をいかに掌握するかが地域にとって大きな課題となっていた。とくに房総では多くの河岸や湊が町場としてにぎわっており、そこでは他所からの労働力がつねに必要とされていたため、周辺農村から流入する若者も多く、逆に周辺の農村部では人口の減少と放置された農地が荒廃する状況となっていた。

そうした天保《てんぽう》年間(一八三〇〜四四)の房総地方を遊歴していたのが**大原幽学**《おおはらゆうがく》だった。彼は全国を旅しながら見聞を広め、占いなどをしながら遊歴をしていた浪人で、関西方面の進んだ農業技術などの知識も豊かで、各地で農業や生活面で有効かつ実学的な話や道徳的思想などを講義していた。彼の考えていた農村運営の思想は、村運営に苦慮していた印旛《いんば》や香取、海上《うなかみ》、匝瑳《そうさ》郡などの上層農民らに徐々に受け入れられていった。そして下総国香取郡長部《ながべ》村(旭市)の名主遠藤伊兵衛《えんどういへえ》は一八四二年(天保十三)に自宅一部に幽学の居宅を提供し、村を挙げて幽学の指導を受けることとした。これにより幽学は長い遊歴の生活を終え、長部村を拠点に本格的に村の改良運動に取り組んでいくことになる。

幽学の教えはその後も弟子たちに受け継がれ、その活動の拠点となった幽学の旧宅と農村改革の実践跡である耕地地割、それに墓などは一九五二年(昭和二十七)に国指定史跡となり、また幽学の教えを示す記録や遺品類なども一九九一年(平成三)に国の重要文化財に指定された。

こうした新しい思想が容易に浸透していったのは、房総が江戸と近接する地域ゆえの、新しい文化を受け入れそれを応用させていく文化受容の下地が形成されていたからといえる。そうした傾向は下総国学や上総道学などにもつながるものである。一八一六年(文化《ぶんか》十三)に平田篤胤は東国三社参詣の後に下総の地を巡っており、また一八一九年(文政《ぶんせい》二)にも再度巡歴し下総地方に国学隆盛の契機をもたらした。

稲葉黙斎は朱子学者として著名な山崎闇斎《やまざきあんさい》の学派に属する稲葉迂斎《うさい》の子で、儒学者として江戸で多くの門人を抱え、大名にも講義をするほどの地位にある学者であった。そのような黙斎が一七八一年

（天明《てんめい》元）に上総国山辺《やまのべ》郡清名幸谷《せいなこうや》村（大網白里市）に移り住むことになる。それは一七二七年（享保《きょうほう》十二）にこの地を流れる作田川の橋の付け替えに際し、幕府の普請の役人だった酒井修敬がこの地の好学な百姓を江戸の稲葉迂斎に紹介したことに始まる。彼らの入門と稲葉迂斎・黙斎父子との交流に起因するつながりはさらに発展し、熱心な上総の門人たちに招かれて移住することになった稲葉黙斎は、上総地方の村人に儒学の教えに基づいた道徳を説いていった。その教えは道徳を学ぶだけではなく日常生活のなかで実践していくことを重視したものであり、上総道学とも呼ばれた。黙斎は一七九九年（寛政《かんせい》元）に上総の地で亡くなるが、それ以降も上総道学は東上総地方の多くの門人に受け継がれていった。

旧佐倉順天堂（佐倉市提供）県指定

佐倉の新しい学問

佐倉藩では天保期に積極的な藩政改革が行われ、その一環として藩校である温故堂《おんこどう》を拡大整備し一八三六年（天保七）に成徳書院《せいとくしょいん》が開設された。そこでは基盤となる儒学のほか科目の範囲は広範囲に及び、六芸所では礼節・音楽・弓術・馬術・書学・算学などが教授された。

儒学は江戸で著名な儒学者の海保漁村《かいほぎょそん》を招くなど藩校の基礎として儒学に重きを置きながらも、一八三九年に医学所を開設しそこで蘭方医学を積極的に取り入れたことが注目される。一八四三年には江戸の蘭方医の佐藤泰然《さとうたいぜん》が佐倉へ招かれて移住し、蘭方医学を教授するようになる。泰然は長崎留学を経て江戸で蘭学塾を開いており、佐倉に移住しても城下で蘭学塾**順天堂**を開設する。順天堂は西洋医学による医療を実践的に教授しており、城下でも種痘を積極的に実施していった。そして塾頭の山《やま》口《ぐち》舜海《しゅんかい》が泰然の養子となり佐藤舜海として順天堂を引き継ぐことになる。佐藤舜海はその後長崎へ遊学しオランダの海軍医師ポンペに外科医学を学んでいる。舜海が順天堂に戻ってからは、佐倉には全国から最先端の医療を学ぼうとする人たちが集まり、西の長崎、東の佐倉といわれるほど西洋医学の先進地として発展していった。

日蓮宗の学問所としての檀林の隆盛

日蓮宗の盛んな房総には中世から近世にかけて、多くの僧侶のための学問所である檀林《だんりん》が開かれた。とくに匝瑳市の**飯高《いいだか》檀林**、多古《たこ》町の中村檀林、大網白里市の小西檀林は、全国の日蓮宗寺院のなかでも上位に位置する檀林で関東三檀林と呼ばれ、全国から集まった若い学僧たちが学んでいた。

当時の日蓮宗内には法華経の教えを尊重し、法華経の信者以外からの供養は受けず、また施しもしないとする純粋な信仰を貫く不受不施派と、幕府との政策を受け入れて発展してきた受派との対立があり、一六三〇年(寛永《かんえい》七)に受派の身延山《みのぶさん》久遠寺《くおんじ》と不受不施派の池上本門寺《いけがみほんもんじ》との江戸城での対論が行われた。その結果、身延山が勝つと不受不施派の拠点檀林だった中村と小西の檀林は、受派の配下へと変わることとなり、飯高檀林が日蓮宗の根本檀林として大きく発展していった。

（米谷）

大原《おおはら》幽学《ゆうがく》遺跡《いせき》　旧宅《きゅうたく》、墓《はか》および宅地《たくち》耕地《こうち》地割《じわり》

↓P22

幕末の農政改革者による実践跡

旧宅は幽学自らの設計で、門人らに教えを説くため長部《ながべ》村の名主遠藤《えんどう》伊兵衛《いへえ》から提供された教導所を改築した。旧宅前の耕地地割は幽学が門人の協力を得て耕地整理を行った水田の一部。形の異なる大小の田が混在していたのを、農作業の能率化を図って一区画を一反歩(約一〇〇〇平方メートル)の大きさに整理、水路を設けて作業の効率化を図ったもので、現在でも耕作が続けられている。幽学は遠藤家の墓地内で切腹しており、その地に榊《さかき》が植えられ、一九二二年(大正十一)には石碑が建立された。また遺品類は国重文に指定されている。

大原幽学旧宅(大原幽学記念館提供)

DATA
国史　旭市長部(大原幽学遺跡史跡公園内)

屏風ケ浦《びょうぶがうら》

↓P22

古くから人々を魅了してきた「東洋のドーバー」

銚子《ちょうし》市犬岩から旭《あさひ》市刑部岬《ぎょうぶみさき》まで約一〇キロにわたって、波によって削られた約六〇メートルの崖が続く。近世後期以降、その特徴的な景観が歌川広重《うたがわひろしげ》『六十余州名所図会』など、江戸の浮世絵や出版物に取り上げられ、名所として知られるようになった。

その地層は、約三〇〇万年前~四〇万年前の海洋性の環境で堆積した犬吠《いぬぼう》層群と、その上に不整合面で接する内湾的な環境で堆積した香取《かとり》層や関東ローム層から成っており、波浪の影響で崖面から剥離《はくり》・落下した土砂が沿岸流で運び去られてこうした断崖が形成された。

銚子市教育委員会提供

DATA
国名　国天　銚子市名洗町ほか

飯《いい》高《だか》檀《だん》林《りん》跡《あと》

↓P22

飯高寺《はんこうじ》は飯高檀林と呼ばれ、日蓮宗の根本檀林(学問所)として多くの学僧が学んだ。近世初期の慶安年間に伽藍《がらん》が整備され、中心となる講堂のほか鐘楼、鼓楼《ころう》、総門が国重文に指定されている。

DATA 県指定 匝瑳市飯高

鹿《ろく》山《ざん》文《ぶん》庫《こ》関《かん》係《けい》資《し》料《りょう》

↓P23

佐倉藩は積極的に洋学を取り入れており、藩校では関係文献を多数所蔵してきた。鹿山文庫は一七九二年(寛政《かんせい》四)に佐倉学問所の開設時からの一大蔵書群である。

DATA 県指定 佐倉市鍋山(県立佐倉高等学校の蔵書)

房《ぼう》総《そう》数《すう》学《がく》文《ぶん》庫《こ》

↓P19

香取《かとり》郡万歳《まんざい》村(旭市)の和算家花香安精《はなかあんせい》の稿本やその一門が学んだ和算関係の書籍や帳面類など、また各地で筆写してきた算額問題も多く、研鑽《けんさん》の様子がうかがえる資料群である。

DATA 県指定 千葉市中央区青葉町(県立中央博物館で展示)

房《ぼう》総《そう》半《はん》島《とう》の漁《ぎょ》撈《ろう》用《よう》具《ぐ》

↓P25

鰯漁の大漁で活気にあふれる浜の様子を描いた地曳網漁絵馬や様々な漁船や漁撈用具など、房総半島の海の生活に関わる貴重な資料二一四四点が国の重要有形民俗文化財に指定されている。

DATA 重文 館山市館山(館山市立博物館分館内で展示)

成《なり》田《た》の商《しょう》業《ぎょう》用《よう》具《ぐ》

↓P23

成田山新勝寺《しんしょうじ》は近世後期以降、江戸をはじめとする大勢の参詣客が訪れ、その門前では土産物屋や飲食店など、多様な商売が営まれにぎわいをみせた。商家の経済活動がうかがえる資料群である。

DATA 県指定 成田市土屋(成田山霊光館内で展示)

流《なが》山《やま》のみりん醸《じょう》造《ぞう》用《よう》具《ぐ》

↓P21

江戸川水運を利用して、流山は近世後期から江戸へのみりん供給地として発展し、明治以降は博覧会に出品するなど全国に知られるようになる。機械化される以前のみりん醸造に関する資料群。

DATA 県指定 流山市加(流山市立博物館内で展示)

コラム

もっと知りたい！ 深掘り千葉県史④

房州生え抜きの彫物大工 伊八の事績

安房・上総の人々の美意識を表現

江戸の街において武家から町人へと文化の担い手の中心が移行した江戸時代後半、明和《めいわ》・安永《あんえい》・天明《てんめい》・寛政《かんせい》・享和《きょうわ》・文化《ぶんか》・文政《ぶんせい》にかけて五〇年間にわたって、寺社の建物を飾る彫刻を制作する彫物大工を生業《なりわい》として活躍したのが、武《たけ》志伊八郎信由《しいはちろうのぶよし》である。その活動範囲は広く、東京都杉並区、神奈川県湯河原《ゆがわら》町でも仕事を残している。しかし、彼の基盤はあくまでも安房《あわ》・上総《かずさ》の房総《ぼうそう》半島南部であった。

伊八が居住していた安房国長狭《ながさ》郡(現在の鴨川市)は、江戸の経済圏内には含まれてはいたものの、文化的には江戸の辺境＝フロンティアに位置していた。その房総半島南部に暮らす人々は、自らを「房州人」と呼んできた。

伊八は特定の流派に与《くみ》せず自由な立場から、温暖で豊かな気候風土に恵まれた房総半島南部に生きる房州人の生活感情や美意識を目に見えるかたちに彫り出した。その造形には、細かなところには拘泥しない房州人の気質にふさわしい大らかさと風通しのよさが感じられる。その感覚は、ある程度の自由度が許容される辺境に身を置いていた伊八だからこそ、持ちうるものだったのではないか。

鴨川市平塚に所在する大山寺《おおやまでら》不動堂(千葉県指定有形文化財)の向拝《こうはい》には、眼下に広がる長狭平野を睥睨《へいげい》するように二匹の竜が据えられている。有翼二肢と四肢の二体の竜は、水や大気の循環を表現するとともに、その循環作用から生起するあらゆる気象現象を司《つかさど》ることによって、災厄を防ぎ、五穀豊穣と生活の安寧をもたらす存在として、長狭郡全体を今でも守りつづけている。また建物の部材の各所にあしらわれた装飾文様には、時代を超えたデザイン感覚とみずみずしい生命感が満ちあふれている。

五十二歳の円熟期にあった伊八が手がけた大山寺の彫物群は、雨乞い神事の霊場である高蔵山《たかくらやま》・そこからの眺望・建築・人々の信仰心と、彼の高い技量と造形力とが混然一体となって生み出された、宇宙観さえ漂わせる類まれなスケール感を有するモニュメンタルな傑作である。

江戸の辺境に花開いた造形文化

今から二〇〇年前の文政七年十二月十九日（一八二五年二月六日）に数え年七十三歳で伊八は死去している。彼が残した事績の全体像は、いまだに把握されているとは言いがたい。その一方で、おそらく昭和の終わり頃から呼ばれはじめたであろう「波の伊八」という俗称から想起される、彼の実像からは乖離《かいり》した芸術家的かつヒロイックなイメージが肥大化して一人歩きしはじめている状況も認められる。

彼の仕事は端的に「房州人の房州人による房州人のための彫物」と言い表すことができよう。ローカルに徹したはずの作品群には、なぜか一七世紀の西欧諸国で盛行したバロック美術に通底するような、豊かな空間性と流動感にあふれた言わば「日本人離れした」造形性が見え隠れする。

江戸時代後半の一地方が生み出した造形文化の極点とも位置づけられる彼の仕事の背景や意味合いは、広い視野をもたないかぎり解き明かせないであろう。さまざまな分野でグローバル化が叫ばれる今、伊八が残した事績を現代の視点から正当に評価することは大きな意義をもつはずである。

（石川）

大山寺不動堂向拝の竜二体。1803年（享和3）9月（筆者撮影）

大山寺不動堂海老虹梁の装飾文様（筆者撮影）

9章 千葉県の誕生

千葉県の県民の日は六月十五日である。一八七三年(明治六)六月十五日に千葉県が誕生したことに由来するが、廃藩置県が実施されたのは一八七一年七月(旧暦)のことであり、千葉県誕生までには二年近いブランクがある。千葉県誕生までにどのような経緯をたどったのであろうか。

県名のなかった「県」の始まり

明治改元は一八六八年(慶応《けいおう》四)九月八日に行われた(一八七三年一月一日より前の日付はすべて旧暦である。以下同)。しかし、明治天皇は前年に践祚《せんそ》しており、江戸幕府もすでに消滅していた。明治新政府は、前年十二月九日の王政復古の大号令以降、統治機構を整えていくなかで一八六八年(同)閏《うるう》四月に政体書を発布し、地方は府・藩・県で治めることを定め(府藩県三治制)、府県は旧幕府の直轄地や旗本知行地など政府の管轄下となった地域に設けられた。房総《ぼうそう》三国には、藩主自ら戊辰《ぼしん》戦争で新政府軍と戦った請西藩《じょうざい》(藩庁は現木更津《きさらづ》市請西に置かれた)が同年五月に改易となったが、ほかの一六の中小藩は残存することとなった。

将軍のお膝元である江戸に近い房総地域は、もともと幕府直轄地や旗本知行地などが多く分布していた。これら旧幕府関係所領は新政府の管轄地となり、二つの県が設置されることになった。まず七月二日に久留米《くるめ》藩出身の柴山典《しばやまてん》(文平)が上総《かずさ》房州監察兼知県事(房総知県事)に、続いて八月八日に熊本藩出身の佐々布直武(貞之丞)が下総《しもうさ》知県事に任命された。いずれも明治改元の詔が出される前のことである。房総以外の関東各地にも知県事(知事)が任命され、知県事役所(県庁)が開設されているが、まだ県名は付かず、こういう状態が翌年初頭まで続く。いまだ戊辰戦争が継続中で関東周辺は依然として不穏な情勢下にあったことがその背景として挙げられる。柴山の肩書に当初「監察」が付いていたことや柴山の房総赴任時に軍隊の宿営を意味する「宿陣」の語を用いたこと、また佐々布の在任中は出身藩である熊本藩が布佐《ふさ》(現我孫子《あびこ》市)に駐屯しつづけたことなどからうかがえるように、各新「県」の船出はまことに不安定で流動的な側面があった。

房総知県事の管轄地は南の安房《あわ》・上総両国に加え、東総三郡(香取《かとり》・海上《うなかみ》・匝瑳《そうさ》)から常陸《ひたち》国の東南四郡に至る細長いエリアだが、そのなかには当然藩領(飛地領も含む)が混在し、まだ面的統治は実現していな

宮谷県庁跡。1868年(明治元)12月、柴山は大網村宮谷の本國寺境内に県庁を移した。石碑の背面には、寺の「大講堂庫裡書院ヲ以テ県ノ庁舎トナシ」とある。石碑の背後の駐車場越しに現在の本國寺が見える(筆者撮影) 県指定

い。下総知県事の管轄地も房総知県事の管轄地を除く下総国(一部を除く)のほかに武蔵《むさし》国の一部も含むが、こちらも同様に藩領が混在した。一八六九年(明治二)に入り、県政の定着と県庁の設置場所が確定したことで、房総知県事の管轄地には**宮谷県**《みやざくけん》(二月九日)、下総知県事の管轄地には**葛飾県**《かつしかけん》の県名が付いた(一月十三日)。葛飾県は宮谷県より一カ月ほど早く県名が付いたが、宮谷県の県名も葛飾県と同じ頃にすでに用いられていたことを示す史料もある。

なお、県名には県庁所在地の町村名かその町村の属する郡名を付ける例が一般的だが(葛飾県庁は葛飾郡加村《か》〈現流山市《ながれやまし》〉に所在)、宮谷県は県庁を置いた大網《おおあみ》村(現大網白里市)内の小字(宮谷)を県名としており、このような例は全国的にも珍しい。いずれにしても、千葉県に置かれた県はこの二県をもって嚆矢《こうし》とする。

房総三国内の二六県が三県に統合される

江戸幕府崩壊後も大名(藩)の転封はあった。その最大のものは、将軍家ではなくなった徳川宗家の静岡移封である。一八六八年(慶応四)の五月に田安亀之助《たやすかめのすけ》は徳川宗家第十六代当主の徳川家達《いえさと》となり、七〇万石の大名として駿府《すんぷ》(現静岡市)を本拠とする駿河府中藩《するがふちゅうはん》(のち静岡藩)を立藩した。この新藩成立により所領替えを余儀なくされた駿河・遠江《とおとうみ》両国(両国とも現静岡県)の七藩は、七月に駿河国の沼津・小島《おじま》・田中の三藩が、九月には遠江国の相良《さがら》・掛川・横須賀・浜松の四藩が、いずれも上総・安房両国への所領替えを命じられている。房総三国には旧幕府直轄地や旗本知行地などの割合が高かったため、新政府の差配で代替地を提供しやすかったからであろう。

このほか、一八六九年(明治二)に長瀞《ながとろ》藩(現山形県東根市)が大網藩、七〇年に高徳《たかとく》藩(現栃木県日光市)が曽我野《そがの》藩(現千葉市中央区)としてそれぞれ房総に転入しており、七〇年末時点で房総三国には二五もの藩が密集することになった。現在の千葉県域に限っても二三藩であり、現在の都道府県域でこれほど多くの藩が藩庁(陣屋)を置いた地域は千葉県以外に見当たらない。なお、大網藩は一八七一年(明治四)二月に藩庁を大網村(現大網白里市)から常陸国龍《りゅう》ケ崎《がさき》(現茨城県龍ケ崎市)に移しており、大網藩時代は二年に満たなかった。

同年七月十四日に廃藩置県が断行されると、房総三国内の二四藩はすべて県となった。宮谷県と葛飾県を合わせると二六県が併存したことになる(現在の千葉県域内に限れば二四県)。全国には三府三〇二県が分布することになった。一八六九年の版籍奉還で土地・人民を天皇(政府)に返した各藩主は、府県の知事と横並びの知藩事という地方長官になっていたが、廃藩置県ではその立場をも失うことになった。政府から派遣された宮谷県や葛飾県の長官(知事)が引き続き在任する一方、藩が衣替えして県となった旧藩新県に後任の知事は置かれなかった。旧家臣である幹部職員以下で「是迄之通事務取扱可致事」とされ、そう遠くない時期に府県の再編があろうことが予想されたが、はたして廃藩置県から四カ月後の十一月十四日、房総三国は常陸国の南部地域も含め、木更津・印旛《いんば》・新治《にいはり》の三県に統合された。全国の府県もほとんどが十一月中に統廃合となり、三府七二県に集約されている。

房総三県の各県名は、県庁所在地の町村名(**木更津県**)や県庁所在地の属する郡名(**印旛県**・新治県)

廃藩置県にともなう房総26県（明治4年7月）

左ページの図ともに、千葉県文書館企画展「房総の廃藩置県」展示解説書（2021年）より転載（ただし一部修正）

房総地方の3県への統合（明治4年11月）

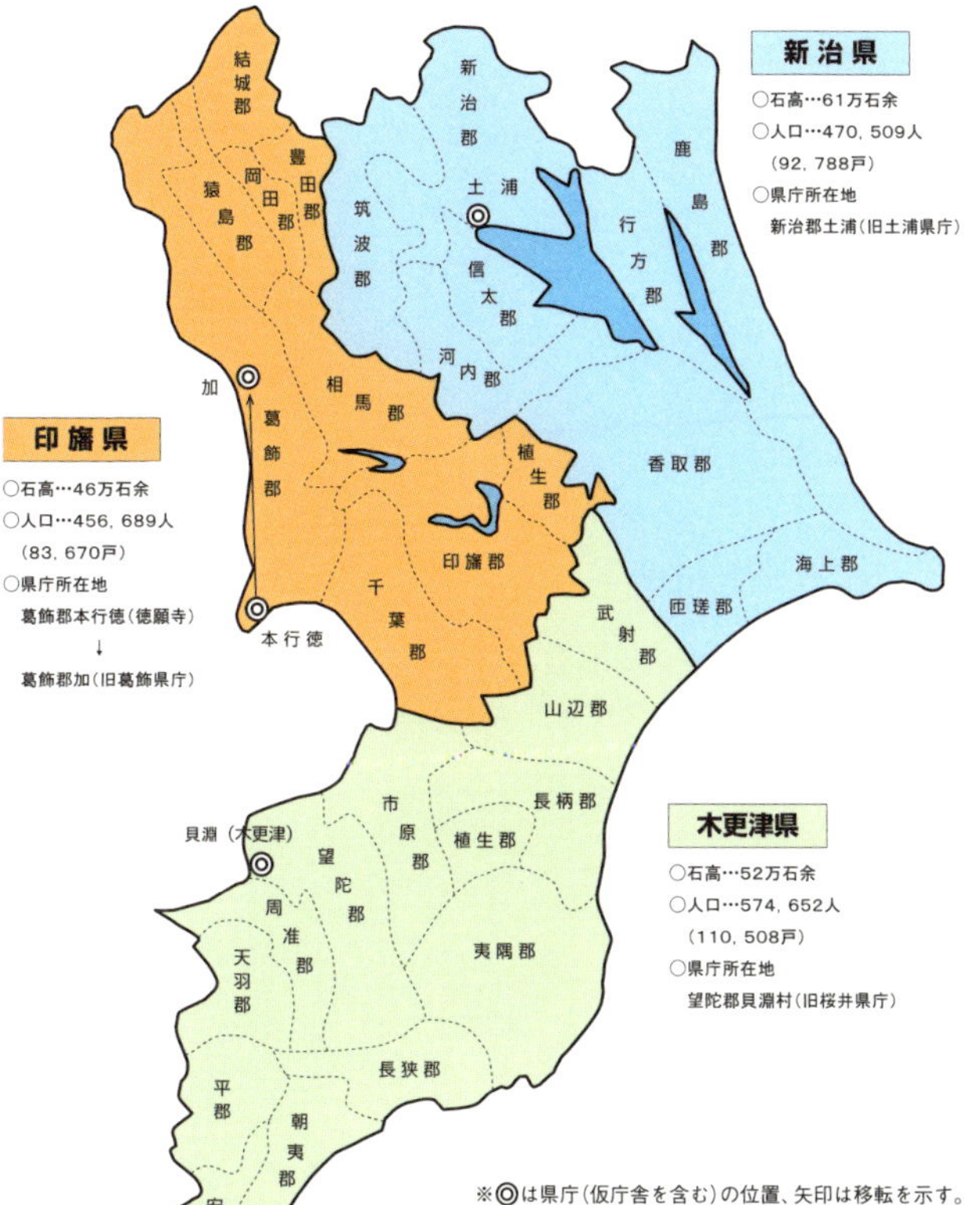

※◎は県庁（仮庁舎を含む）の位置、矢印は移転を示す。
※3県の各データは、千葉県議会史編さん委員会編『千葉県議会史』第一巻（1965年、千葉県議会）、105頁参照。

千葉県立房総のむら管理棟。明治期の二代目千葉県会議事場の外観を再現した建物。県庁とは別に独立して建造され、和風の瓦屋根にバルコニーなど明治前期の疑洋風建築の特徴を示す。内部は博物館事務室のため非公開（栄町。筆者撮影）

が採用されたが、実際は、木更津県は木更津村に南隣する貝淵村の旧桜井県庁を、印旛県は当初県庁を置く予定であった佐倉にではなく、結局は旧葛飾県庁をそれぞれ県庁舎とした（新治県の県庁所在地は新治郡土浦町〈現土浦市〉）。このとき、明治以後も錯綜していた支配領域（管轄地）は郡単位で区分されることとなり、管轄域の一円化・統合化が図られた。木更津県は安房・上総二国を、印旛県は東総三郡を除く下総国を、新治県は下総国の東総三郡と常陸国の南部六郡をそれぞれ管轄域とした。管轄範囲が錯綜しなくなったことで、明治新政府の代表的な近代化諸施策（戸籍編製・学制発布・徴兵令制定など）は一八七二～七三年にかけて次々と実施されることになった。県域統合は、中央集権的国家づくりのための下地を整えるためにも必要な措置だったのである。

千葉県の誕生

千葉県の誕生にあたっては、木更津県の長官である権令（この頃、県の長官の呼称は県令または権令に変更されていた。県令と権令の違いは位階の差によるもので、県令配置の県に権令は置かれず、逆もまた同じ)の柴原和《しばはらやわら》(現兵庫県の龍野《たつの》藩出身)が一八七三年(明治六)二月から印旛県の権令を兼ねたことが大きな要因である。そのような例は群馬県と入間《いるま》県(現埼玉県)、栃木県と宇都宮県(どちらも現栃木県)にもみられ、これらの県は同年六月十五日に同時に合併している。このとき、新治県は合併の対象とはならなかったため、千葉県誕生時の県域には東総三郡が含まれず、現在は茨城県に属する西北の猿島《さしま》・結城《ゆうき》・岡田・豊田の四郡などが含まれ、現在よりも東西が狭く北西部分が広がった形をしていた。合併と同時に県庁所在地は千葉町(現千葉市)と決められたが、その理由は合併時の史料には明示されていない。ほぼ県央に位置し、海運・陸運とも交通至便な場所であることが県庁所在地として適当と判断されたものであろう。なお、合併に関する国の公文書には、六月十四日を十五日に修正した箇所があり、十四日のままであったら、千葉県の「県民の日」も六月十五日ではなく六月十四日になっていた可能性がある。

その後の千葉県における郡や町村単位以上の移管をともなう大きな変化は三度あった。すなわち、①一八七三年五月の新治県の分割編入、②同年八月の江戸川以西の四三村の埼玉県への移管、③一八九九年四月の十六島地区を除く利根川以北の茨城県への移管、である(このほか、一八九五年に県の北西部は江戸川と権現堂川をもって千葉県と茨城県の県境とすることも定められた)。こうしてみると、しだいに江戸川と利根川の二大河川をもって隣接府県との境界とする現在の県域に変化していったことがわかる。千葉県の誕生からは約四半世紀を経た二〇世紀直前になって、ようやく現在の県域がほぼ確定することになったのである。

(豊川)

犬《いぬ》吠《ぼう》埼《さき》灯《とう》台《だい》

水郷筑波国定公園内に位置する絶景の現役灯台

↓P22

千葉県の東端に位置し、中に入って上ることもできる全国的にも希少な灯台である。展示資料館もあり、日本の灯台の歴史を学ぶことができる。

一九九八年(平成十)の「日本の灯台五〇選」「世界の灯台一〇〇選」のいずれにも選ばれたわが国を代表する灯台の一つであり、今も現役で船の航行を見守る。一八七四年(明治七)の竣工。高さは三一メートル。設計は、明治政府が英国から招聘《しょうへい》したリチャード・H・ブラントンで、わが国初の国産レンガ(香取《かとり》郡高岡村。現成田市)を使用した建造物としても貴重。

筆者撮影

DATA
重文 銚子市犬吠埼

旧《きゅう》徳《とく》川《がわ》家《け》松《まつ》戸《ど》戸《と》定《じょう》邸《てい》

明治期の旧大名の暮らしぶりを伝える貴重な建築物群と庭園

↓P21

十五代将軍・徳川慶喜《よしのぶ》の弟にして水戸徳川家十一代当主・徳川昭武《あきたけ》が自身の別邸として一八八四年(明治十七)に竣工。昭武が後半生を過ごした場所であり、その後の増築を経て九棟もの建物が一群の邸宅を構成している。

部屋数は二三を数えるが、全体的に簡素で上質な気品漂う設計となっている。純和風の邸宅とは対照的に南西に広がる庭園は洋風の芝生面を基調とする(国指定名勝)。

戸定邸に隣接して松戸市戸定歴史館が建ち、収蔵資料である昭武や慶喜関係の伝来品などを公開している。

筆者撮影

DATA
重文 松戸市戸定

旧《きゅう》宇《う》田《だ》川《がわ》家《け》住《じゅう》宅《たく》

↓P21

一八六九年（明治二）の建築で、建築年のわかる現存民家としては浦安《うらやす》市内最古。当時の江戸近郊の商家建物の雰囲気を今に伝える。表の店舗部分と奥の住居部分から成り、一般公開されている。

DATA 市指定 浦安市堀江

葛《かつ》飾《しか》県《けん》印《いん》旛《ば》県《けん》史《し》跡《せき》

↓P21

流山《ながれやま》市立中央図書館と市立博物館の建物の脇に石碑が建つ。駿河田中藩の飛地領管理のための陣屋を引き継ぎ、葛飾県庁と後継の印旛県庁がこの場所に置かれた経緯が石碑の背面に記録されている。

DATA 流山市加

飯《いい》野《の》陣《じん》屋《や》濠《ほり》跡《あと》

↓P25

前方後円墳の三条塚《さんじょうづか》古墳を内包する飯野藩の陣屋（藩庁）は、廃藩置県で飯野県庁となった。当時の建物はすでに失われているが、周囲の濠はそのまま残され、今では貴重な遺構となっている。

DATA 県指定 富津市下飯野

貝《かい》渕《ぶち》木《き》更《さら》津《づ》県《けん》史《し》蹟《せき》

↓P25

のちに請西《じょうざい》村（現木更津市）に藩庁を移す貝淵（貝渕）藩の陣屋が、転封してきた桜井藩の藩庁、木更津県庁舎に転用されてこの地に存在していたことを伝える石碑が住宅地の一隅に建っている。

DATA 市指定 木更津市貝渕

旧《きゅう》手《て》賀《が》教《きょう》会《かい》堂《どう》

↓P20

一八八一年（明治十四）に茅葺《かやぶ》き民家を移築・転用したキリスト教（正教会）の教会堂で、集落のなかに静かにたたずむ。首都圏に現存する教会堂としてはもっとも古い。内部見学可。

DATA 県指定 柏市手賀

旧《きゅう》堀《ほっ》田《た》家《け》住《じゅう》宅《たく》

↓P23

最後の佐倉藩主・堀田正倫《まさとも》が一八九〇年（明治二十三）に建てた邸宅で、松戸市の戸定邸と同じく、明治期の上級和風住宅の残存例として貴重。現在、「さくら庭園」の愛称がつく庭園も国指定名勝。

DATA 重文 佐倉市鏑木町

コラム もっと知りたい！ 深掘り千葉県史 5

手賀沼畔に集った文化人たち

志賀直哉、武者小路実篤、柳宗悦

手賀沼《てがぬま》、我孫子《あびこ》と聞いて何を思い浮かべるだろうか。江戸時代の干拓事業、水戸街道の宿場町、平将門《たいらのまさかど》伝説などもある。近代においては白樺《しらかば》派の拠点だった。

白樺派は近代文学としての評価のみならず、ロダン、セザンヌ、ゴッホなど後期印象派を紹介した雑誌『白樺』に集った仲間たちである。彼らの多くは学習院出身者であり、その友情の深さ、交友関係の広さは、彼らの人間的魅力を思わせる。

一八九六年(明治二十九)我孫子駅の開業により東京からのアクセスが向上したことで、手賀沼北岸地域は風光明媚《ふうこうめいび》な別荘地として嘉納治五郎《かのうじごろう》、村川堅固《むらかわけんご》、杉村楚人冠《すぎむらそじんかん》などが別荘を構えはじめる。

一九一四年(大正三)には嘉納の甥《おい》である柳宗悦《やなぎむねよし》が、次いで志賀直哉《しがなおや》、武者小路実篤《むしゃこうじさねあつ》と白樺派の主要メンバーが移住した。雑誌『白樺』の隆盛期であり、彼らそれぞれにとって我孫子はまさにこれからの人生の重要なターニングポイントであった。

柳は、朝鮮陶磁器との出会い、バーナード・リーチ、濱《はま》田《だ》庄司《しょうじ》との交流などを通じて、「民衆的工藝」、すなわち「民藝」という造語へのきっかけをこの我孫子でつかんでいる。まさに「出会いと絆《きずな》の地」である。

志賀は、我孫子移住時、父との不和などの問題を抱え、スランプに陥っていたが、息を吹き返すように代表作を次々に発表する。『城の崎にて』『和解』、そして唯一の長編小説『暗夜行路』の連載開始もここ我孫子であった。「創作」の地と呼ぶにふさわしい。

武者小路は滞在こそわずか二年足らずであったが、旺盛な執筆活動、そして今日にも続く「新しき村」の構想を熟成させ、発会式を行ったのはここ我孫子だった。「思索」の地と呼べよう。

沼越しに富士山を眺め、夜更けまで語り、食を共にし、創造的な時間を過ごしたことだろう。

「物語の生まれる町」我孫子としての現在

東京からほどよい距離、緑豊かな我孫子は、彼らによって、今日も文化に関心の深い人々が集う空間となっている。まさに白樺派の三人は我孫子の魅力を高め、魅力ある人々を我孫子に引き込んだ文化空間の創造者であった。この空間を文化空間「我孫子・白樺派」と名づけている。その背景には、一九二三年（大正十二）に志賀が我孫子を去った後、志賀との交流があった画家・歌人である原田《はらだ》京平《きょうへい》が滞在し、三岸《みぎし》好太郎《こうたろう》ら春陽会の若手画家を中心に我孫子を描く時代があったことを顕彰するためである。原田が残した油彩画は、現在失われつつある手賀沼畔の大正時代の様相を色彩豊かに伝えてくれる重要な資料であり、手賀沼に文化人が集う最大の理由としての「景観」「環境」の良さをわれわれに示している。

原田京平「ハケの道と手賀沼2」（1924年。我孫子市白樺文学館所蔵）

写真絵葉書「我孫子天神山より安美湖の眺望」（個人所蔵）

我孫子市は現在「物語の生まれるまち」というキャッチフレーズを用いている。現代に至るまで多くの文化人たちが手賀沼にてパワーをもらい、時にその静けさに癒やされたのだろう。今日もまた新たな物語がここ我孫子、手賀沼のほとりで生まれているのかもしれない。

（稲村）

10章 軍郷化する千葉県

戦前の千葉県は、「軍郷」と呼ばれるほど軍施設が集中した。かつての広大な牧跡は農業発展の場になると同時に軍の演習場などを提供する場ともなった。千葉県の近代化のあゆみは、軍郷千葉の形成とも重なりあっている。

郷土部隊としての佐倉連隊

現在、佐倉《さくら》城址公園内を散策すると、国立歴史民俗博物館の南に位置する馬出し空堀の近くに、コンクリート製の基礎部分のような廃墟を見いだすことができる。傍らの説明板に「兵営の便所跡」とあるので、かつてここに軍の兵舎が建っていた頃の遺構だと気づく。上屋はすでに失われているが、中央の通路跡を挟んで左右に整然と並ぶ和式トイレとおぼしき穴の数々を確認できる。説明板には「江原新田では連隊と契約し、下肥・馬糞の払い下げを受け、汚物掃除を担当しました」と書かれているので、大勢の兵員が集まる兵舎のトイレから生み出された大量の「下肥」などの払い下げを受けるために、佐倉城近隣の江原新田(現佐倉市)の村人たちがトイレの汲《く》み取りを行い、トイレの清掃も行っていたのであった。戦前は、下肥や馬糞などを農作物の肥料として活用したのである。戦前における平時の軍隊と地元住民との関係性を伝える貴重な遺構といえるが、この「連隊」とは、戦前に佐倉城址を衛戍《えいじゅ》地(駐屯地)とした歩兵連隊(おもに徒歩で戦う兵士たちが所属する連隊)、通称「佐倉連隊」

兵営の便所跡。注意深く見て歩かないと見すごす可能性もある。佐倉城址公園内には、ほかにも佐倉連隊の遺構である「訓練用の12階段」や「脂油庫」などを見ることができる(筆者撮影)

のことである。

佐倉城は佐倉藩、その後継の佐倉県の廃止により廃城となったが、一八七三年(明治六)に徴兵令が発せられると、東京鎮台(のち第一師団)の営所(兵営)が置かれることになり、歩兵第二連隊の衛戍地となった。歩兵第一連隊は東京に置かれたので、それに続く数字を与えられた佐倉の重要性がうかがわれる。歩兵第二連隊は一八七七年の西南戦争や一八九四年の日清戦争、一九〇四年の日露戦争などに出征し、少なくない犠牲を払いながらも、いずれも勝利を飾って佐倉に凱旋《がいせん》している。

連隊は二〜三程度の大隊から成り、それを連隊本部が統括するものだが、師団―旅団の次に位置する常設の大きな部隊であり、徴兵・召集区域の整備とともに佐倉連隊区(後年に地区司令部は千葉市に移り、千葉連隊区となる）として千葉県全域の徴兵・召集単位でもあったため、佐倉連隊は郷土部隊でもあった。なお、歩兵第二連隊は日露戦争後の軍備再編のなかで一九〇九年に茨城県の水戸へ転出し、入れ替わるように歩兵第五七連隊が佐倉に入営している。つまり、佐倉連隊とは、歩兵第二連隊の時期と歩兵第五七連隊の時期とに分けることができる。厳密には、歩兵第五七連隊は一九三六年（昭和十一）に満州へ渡ると日中戦争の激化によって長期出征を余儀なくされ、動員規模の拡大により佐倉の留守部隊を中心に新たに歩兵第一五七連隊や歩兵第二一二連隊などがさらに編成されており、徴兵・召集された千葉県民が続々と中国大陸や南洋に送られている。

牧の変貌

千葉県のほぼ中央に位置する八街市。八街市は、市内の地名が市名に採用されたものだが、この地名「八街」は明治になってから新たに生まれたものであり、その名は牧《まき》（牧場）の開墾に由来する。千葉県には、北部に小金牧と佐倉牧、南部には嶺岡《みねおか》牧が存在し、各牧には野生の馬（野馬）が放牧されていたが、江戸幕府が倒れて牧が廃止されると、一八六九年（明治二）に小金・佐倉両牧では開墾事業が開始された。旧幕臣や生業が成り立たなくなった江戸の窮民救済のための事業であったが、開墾事業には牧周辺の農家も参加した。牧内の入植地（開墾地）には初富《はつとみ》（現鎌ケ谷市）以下、入植順を示す数字が付いた一三の地名が付けられ、それらはのちに村名となった（表参照）。もっとも、農作業に不慣れな者にとって荒れた土地の耕地化は容易ではなかった。一八七一年までに小金・佐倉両牧の二〇パー

開墾順	開墾地名	読み	開墾対象牧	現在の市町村名
1	初富	はつとみ	小金牧(中野牧)	鎌ケ谷市
2	二和	ふたわ	小金牧(下野牧)	船橋市
3	三咲	みさき	小金牧(下野牧)	船橋市
4	豊四季	とよしき	小金牧(上野牧)	柏市
5	五香	ごこう	小金牧(中野牧)	松戸市
6	六実	むつみ	小金牧(中野牧)	松戸市
7	七栄	ななえ	佐倉牧(内野牧)	富里市
8	八街	やちまた	佐倉牧(柳沢牧)	八街市
9	九美上	くみあげ	佐倉牧(油田牧)	香取市
10	十倉	とくら	佐倉牧(高野牧)	富里市
11	十余一	とよいち	小金牧(印西牧)	白井市
12	十余二	とよふた	小金牧(高田台牧)	柏市
13	十余三	とよみ	佐倉牧(矢作牧)	成田市・多古町

小金・佐倉両牧内の明治初年の開墾地一覧。＊小金牧は高田台・上野・中野・下野・印西の五牧に、佐倉牧は油田・矢作・取香・内野・高野・柳沢・小間子の七牧に分かれる(筆者作成)

セント以上が開墾作付けされたものの、日照りや風水害などで作況は芳しくなく、厳しい環境に耐えられずに開墾地から離散する人や家も多かった。しかし、この牧の開墾は、のちに八街の落花生や富里《とみさと》のスイカ、柏のカブなど、多くの恵みを千葉県にもたらすことになった。

開墾事業とは別に、佐倉牧跡には一八七五年に取香《とっこう》種畜場と下総《しもうさ》牧羊場が設置されている。両場は、西洋式の牧畜業と獣医学発展の先駆的役割を果たし、一八八〇年に下総種畜場に統合後、八八年に下総御料牧場となった。皇室の用に供する家畜の飼養や農畜産物生産の場に衣替えしたわけだが、生産馬の品種改良も地道に続けられた。開墾事業の対象地とならなかった県南部の嶺岡牧では、江戸時代以来の「日本酪農発祥の地」の伝統を受け継ぎ、明治以降は馬よりも牛、とくに酪農関係の研究に力を入れた事業が展開されている。官営から民営を経て一九一一年に県の運営に移り、現在も乳用牛の受精卵供給事業のほか飼料作物や放牧関連の研究などが行われ、千葉県農業の一翼を担っている。

このように、広大な牧跡は明治以降に耕地化が進むとともに農事改良実践の場ともなり、千葉県農業の発展に寄与している。だが一方で、本章で主題とする軍郷《ぐんごう》形成の場になったことも見逃せない。その代表的な場所が習志野《ならしの》である。一八七三年四月に明治天皇は初めて千葉県(当時は印旛《いんば》県)を訪れ、小金牧に含まれる大和田原《おおわだはら》(現在の船橋市・八千代市・習志野市・千葉市の一部にまたがる原野)での陸軍大演習を天覧し、東京帰還後に天皇自ら大和田原を「習志野ノ原」と命名している。東京に近く、広大で平坦な地形が演習の場に適していた習志野の原野には、練兵場(演習場)や旅団本部、病院(陸軍病院)、学校などの軍関係施設が設置されていった。明治から大正にかけて、千葉県内には習志野のほかに下志津原《しもしづはら》(現在の千葉市・四街道市・佐倉市・八千代市の一部)、作草部《さくさべ》(現千葉市)、国府台《こうのだい》(現市川市)などでも演習場の設定や陸軍施設の集積がみられ、軍施設を核とした町場(軍都)が形成されていった。千葉県の近代のあゆみは、同時に軍郷化のあゆみでもあった。

県内鉄道の消長と鉄道連隊

千葉県は、関東では唯一、一八九〇年代に入るまで鉄道未開通県であった。ようやく一八九四年(明治二十七)七月二十日に市川—佐倉間が開業し、その年末には江戸川を越えて本所《ほんじょ》(現東京都墨田区)まで延伸して東京府(現東京都)内に乗り入れた。現在のＪＲ総武本線であり、一九〇七年に国有化される前は私鉄の総武鉄道の路線であった。当時の時刻表をみると、本所—佐倉の所要時間は一時間四〇分であり、一八九七年に線路が銚子《ちょうし》まで延伸すると、本所—銚子間は四時間余で結ばれるようになっ

軽便鉄道(小型蒸気機関車牽引)
人車軌道(人力)
省線(国鉄)(現JR)
※( )は駅開業年。省線の線路は大正末頃の状況。なお、人車軌道名は文献により違いがある。ここでは『千葉県統計書』の表記を記載。

1 野田線

明治44年	開通(計画変更で普通鉄道化)
大正12年	北総鉄道へ払下げ
昭和19年	東武鉄道野田線となる

2 八街線

大正3年	開通
昭和2年	成田電気軌道へ払下げ
昭和14年	事実上廃止(翌年廃止公告)

3 多古線

明治44年	成田—多古間開通
大正15年	多古—八日市場間開通
昭和2年	成田電気軌道へ払下げ
昭和19年	休止(昭和21年廃止)

4 茂原庁南間(人車)軌道

明治42年	開通
大正2年	庁南側終点を台向から地蔵町へ延長
大正15年	線路撤去

5 大原大多喜間人車軌道

大正元年	開通
大正10年	個人へ払下げ(夷隅軌道へ)
大正12年	人車をガソリンカーに切替
昭和2年	廃止

6 久留里線

大正元年	開通
大正12年	国へ移管
昭和11年	上総亀山まで延伸
昭和62年	国鉄分割によりJR久留里線となる

県営鉄道路線図(千葉県文書館企画展図録「改元期の千葉県—近代化のあゆみの中で」〈2019年〉より転載。ただし一部修正)

た。すでに利根《とね》運河は開通していたが、速達性は鉄道の圧勝であり、それまで千葉県の物流を支えた水運は徐々に衰退していった。県内の鉄道路線は、一九世紀中に現在の外房《そとぼう》線や東金《とうがね》線、成田線、常《じょう》磐《ばん》線が、いずれも最初は私鉄線として一部開通していたが、海運が盛んであった内房《うちぼう》方面は一九一二年三月にようやく蘇我《そが》―姉ヶ崎《あねがさき》間で開通した。これが現在の内房線だが、その後延伸を続けて安房《あわ》鴨川駅へは一九二五年(大正十四)に到達している。外房方面からの到達はこの四年後であり、後発の内房線の建設促進は、東京湾の防衛拠点としての重要性が増していたことを物語っている。

　また、戦前の千葉県の鉄道発展には、県営鉄道も一定の役割を果たしている。その誕生は、鉄道第一連隊と鉄道第二連隊の存在を抜きにしては語れない。鉄道連隊は、戦地での線路の敷設や車両の運行、または修理などに従事する部隊であり、一九〇八年に千葉町(現千葉市)に転営してきていた(のち第一連隊。津田沼には一九一八年に鉄道第二連隊誕生)。県は、内陸部や山間部の交通事情の改善を図るため、鉄道連隊の演習をその線路敷設に役立てようとした。明治末から大正初めにかけて、庁南《ちょうなん》(長南)―茂原《もばら》間と大多喜《おおたき》―大原間は**人車軌道**《じんしゃきどう》として、成田―多古《たこ》間、木更津《きさらづ》―久留里《くるり》間、多古線から分岐する三里塚―八街間は軽便《けいべん》鉄道として開業し、野田―柏間は当初軽便鉄道の予定だったが、野田の醤油組合の要望を受けて常磐線との乗り継ぎを考慮した普通鉄道として開業している。これらの県営鉄道は、旅客というよりは軍需物資を含めた貨物輸送を重視したものであった。しかし、野田線を除いて各線とも赤字続きであり、県は大正末から昭和初めにかけてすべての鉄道事業から手を引くが、その遺産の一部は東武野田線(東武アーバンパークライン)やJR久留里線として今も運行されている。

県営鉄道の建設に寄与した鉄道連隊独自の演習線も千葉―津田沼間などいくつかあったが、松戸―津田沼間の演習線は、戦後に新京成線(現京成松戸線)に生まれ変わっている。この路線にやたら曲線が多いのは、かつて鉄道連隊の演習線であったことの証左である(曲線のほうが直線よりも敷設難度が高く演習効果が高かった)。また、戦前に建設された市原市を縦貫する小湊《こみなと》鉄道の線路敷設にも鉄道連隊は関与しており、こうしてみてくると、戦前の千葉県の鉄道建設には鉄道連隊が深く関与するとともに、軍用地の存在が鉄道の発展に強く影響を及ぼしていることがよくわかる。

軍施設の増加と空襲、そして終戦と復興

昭和以降の戦時体制が本格化するなかで、千葉県内の軍施設は著しく増加した。それまで軍郷千葉といえば、歩兵連隊や騎兵連隊、鉄道連隊などの陸軍中心で、松戸・市川から千葉・佐倉に至る県北西部に集中していたが、海軍の館山《たてやま》・木更津・茂原・香取・洲崎の各航空基地が設置され、東金・横芝《よこしば》・誉田《ほんだ》・八街・柏・松戸などにも飛行場が建設されるなど、航空関連施設が全県に拡大したことが目を引く。軍用機を製造する軍需工場の建設・拡充も図られ、成人男性の多くが戦地に送られたことから、女性や学生による勤労動員が行われた。空襲に備えた防空演習や灯火管制も実施され、戦争の影響は銃後の県民生活全般に及んでいった。終戦後の公文書からうかがえる県内の軍施設の数は二二八カ所、その土地面積は合計で七一八一町余にも上る膨大なものとなっていた。

米軍機による本土空襲は一九四四年(昭和十九)十一月から本格化した。千葉県では人口の多い千葉

市と銚子市でとくに甚大な被害が生じ、銚子市では一九四五年の三月・七月・八月の空襲で三〇〇人以上の死者を出し、千葉市でも五月・六月・七月の空襲で一六〇〇人以上の死傷者を数えた。空襲対策に内房の要所に築かれた要塞群は役に立たず、実戦の機会もなく終戦によりその役割を終えた。県内各地に築かれた防空壕のなかには、地下工場や地下基地を想定した大がかりなものもあったが、これらも終戦を迎えると未完のまま放置された。得てしてこのような戦争遺跡は朽ちていく傾向にあるが、運よく残存したもののなかには史跡などに指定され、活用が図られている例もある。悲惨な戦争

施設名	所在地（現在の市町村名）
鉄道第一連隊	千葉市
千葉気球連隊	千葉市
千葉陸軍戦車学校	千葉市
千葉陸軍歩兵学校	千葉市
千葉練兵場	千葉市
千葉連隊区司令部	千葉市
千葉陸軍高射学校	千葉市
下志津飛行学校	千葉市
鉄道第二連隊	習志野市
戦車第二連隊	習志野市
騎砲兵第二連隊	習志野市
騎兵第二旅団司令部	習志野市
陸軍騎兵学校	船橋市
陸軍習志野学校	船橋市
騎兵第十六連隊	船橋市
習志野演習場	船橋市ほか
陸軍野戦砲兵学校	四街道市
下志津演習場	四街道市ほか
東部第六十四部隊※	佐倉市
野戦重砲兵第十七連隊	市川市
野戦重砲兵第十八連隊	市川市
国府台西練兵場	市川市
国府台東練兵場	市川市
独立工兵第二十五連隊	市川市
陸軍工兵学校	松戸市
八柱演習場	松戸市
木更津海軍航空基地	木更津市
香取海軍航空基地	匝瑳市
海軍茂原航空隊	茂原市
館山海軍航空隊	館山市
洲崎海軍航空隊	館山市
館山海軍砲術学校	館山市

※佐倉の連隊本部に移駐した近衛歩兵第五連隊補充隊のこと。なお、ここには病院・砲台・無線通信所・廠舎・射撃場・飛行場・鉄道などは掲示していない。

千葉県に設置されたおもな軍関係施設（『千葉県議会史』第４巻〈1982年、千葉県議会〉を元に筆者作成。なお、施設名については原典が終戦後の旧陸海軍土地・建物の処分状況調査報告書であることを考慮する必要がある）

を二度と起こさないためにも、今後の保存に向けたさらなる環境整備が待たれるところである。

さて、戦後に軍関係施設や軍用地はどうなったのであろうか。陸海軍の解体により、焼け残った建物などは学校、工場などに転用されたり官公庁に移管されたりしたが、戦争直後の食糧難という特殊事情もあり、復員・引揚者が入植して農地化も進んだ。戦後の開拓農地のうち、旧軍用地が過半を超えているのが千葉県の特徴である。さらに農地からの再転用も含めて宅地造成の場ともなったが、一九五四年に発足した自衛隊の駐屯地（習志野・下志津・松戸・木更津）や航空基地（下総〈白井市《しろい》〉・館山）などとして引き続き防衛拠点となっている所もある。

一方で、一九四八年に米軍が九十九里浜一帯を高射砲の演習場としたのは、占領下の現実を住民側に突きつけた新たな軍施設の出現であった。漁場である海側に向けての発射訓練は大きな爆音をともなった。経済的にも精神的にも住民を悩ませたが、反対運動が展開されて一九五七年に射撃訓練の中止となり、その後、全面返還を実現したことで、ようやく千葉県は名実ともに戦後を歩み出すことになった。

（豊川）

茂原の掩体壕《えんたいごう》。1941年(昭和16)に住民等の強制移転のうえで建設された茂原飛行場の北側には、空襲に備えて戦闘機を一時避難させる掩体壕がいくつも造られた。同様の掩体壕は匝瑳市や館山市などにも残る(筆者撮影)

茂原《もばら》庁南《ちょうなん》間《かん》人車《じんしゃ》軌道《きどう》人車《じんしゃ》

↓P18

人が車両を押して貨客を運んだ人車軌道の生き証人

庁南(現長南町)と茂原とを結ぶ人車軌道で使用された車両。木造八人乗りで、車夫二名が車両を押す形で客を運んだ。千葉県の事業として鉄道連隊が軌道を敷設した路線で、ほかに車夫一名で車両を押す貨物用車両もあり、軍需物資として需要があり、庁南町で生産が盛んであった叺《かます》や筵《むしろ》を運ぶことが多かった。

現在、茂原市立美術館・郷土資料館で展示中のこの車両は、車輪下部の台車部分は失われているが、車体部分は運行当時(明治末~大正)の状態のままほぼ完全な形で残されており、県内唯一の残存例として貴重である。

筆者撮影

DATA 県指定 茂原市高師(茂原市立美術館・郷土資料館)

旧《きゅう》鉄道《てつどう》聯隊《れんたい》材料廠《ざいりょうしょう》煉瓦《れんが》建築《けんちく》

↓P19

アーチ型の窓が明治時代の装いを現す

一九〇八年(明治四十一)に建築され、鉄道連隊のレールなどの材料を保管し、車両の組み立てや修理も行われた場所。東西五四・四×南北七・三メートルの県内に現存する数少ない明治時代の大型煉瓦建造物。

南北にそれぞれ波状鉄板が葺《ふ》かれた下屋《げや》を付設している。外観では二階建てに見えるが平屋建てで、内部には煉瓦造りの連続した弧状アーチが一〇連並んでいるのが特徴。

大正時代に陸軍兵器支廠となり、戦後は国鉄の修理工場として活用され、現在は千葉経済学園の構内に残る。

筆者撮影

DATA 県指定 千葉市稲毛区轟町(千葉経済学園構内)

「明《めい》治《じ》天《てん》皇《のう》駐《ちゅう》蹕《ひつ》之《の》処《ところ》」碑《ひ》

→P20

明治天皇の演習天覧時に設けられた幕舎跡に一九一七年(大正六)に建てられた。「習志野」の由来を記す。のちに近くの薬《やく》円台《えんだい》公園の一角に建つ船橋市郷土資料館の敷地内に移設されて現在に至る。

DATA 市指定 船橋市薬円台

空《くう》挺《てい》館《かん》

→P20

元は天皇の「御馬見所」で一九一一年(明治四十四)築造。一九一六年(大正五)の陸軍騎兵実施学校の移転により現在地(現陸上自衛隊習志野駐屯地)に移築。現在は空挺団関係の資料館の役割も担う。

DATA 船橋市薬円台

大《たい》房《ぶさ》岬《みさき》要《よう》塞《さい》群《ぐん》

→P25

浦賀《うらが》水道に突き出た大房岬の台地上に、一九二八年(昭和三)から四カ年かけて築かれた軍関連施設群。東京湾に敵艦が侵入するのを防ぐ役目を担い、砲台跡のほか探照灯施設跡や爆薬庫跡などが残る。

DATA 市指定 南房総市富浦町

K2形《がた》134号《ごう》

→P20

鉄道連隊の機関車として製造されたもののなかで残存した貴重な一両。戦後は西武鉄道で使用・保管された後に習志野市が譲り受け、津田沼一丁目公園にて屋外展示されている。

DATA 習志野市津田沼（津田沼一丁目公園内）

館《たて》山《やま》海《かい》軍《ぐん》航《こう》空《くう》隊《たい》赤《あか》山《やま》地《ち》下《か》壕《ごう》跡《あと》

→P25

全長約一・六キロに及ぶ大きな地下壕。内部には自力発電所や応急治療所の跡などがあり、空襲が激しくなった第二次世界大戦末期に館山海軍航空隊の防空壕として使用されたもの。

DATA 市指定 館山市宮城

戦《せん》災《さい》復《ふっ》興《こう》記《き》念《ねん》碑《ひ》

→P19

一九八〇年(昭和五十五)に千葉市中央公園内に建てられた。千葉市の空襲被害状況や戦後復興の概要を記す。空襲で焼け野原になった千葉市中心部は、駅の移転など復興都市計画を実施して再生した。

DATA 千葉市中央区中央

コラム　もっと知りたい！深掘り千葉県史 ⑥

首都への入り口を守った東京湾要塞跡

千葉・東京・神奈川を股にかける防衛構想

東京湾要塞《ようさい》は、明治政府が西洋の築城技術を本格的に導入し、全国各地の軍事的要衝に設けた要塞の一つ。一八八〇年（明治十三）から一九三八年（昭和十三）にかけて首都東京と横須賀《よこすか》軍港などを防衛するために東京湾岸一帯に整備され、一九四五年の終戦により廃止された。東京湾口部を中心に、三浦半島から房総《ぼうそう》半島に至るまで二四カ所の要塞が築かれたが、そのうち海上の第一、第二海堡《かいほう》を含む七カ所が千葉県側にあった。

東京湾要塞の構想は幕末に遡り、明治政府に引き継がれた。要塞の整備時期は、第一期（一八八〇〜八五年着工）と、第二期（一九一七年〈大正六〉〜三八年着工）に分けることができる。第一期には、観音崎《かんのんざき》第一砲台、第二砲台、第一〜第三海堡と富津岬《ふっつみさき》にある富津元州《もとす》砲台が整備された。第一海堡〜第三海堡は、人工的に造られた島で、横須賀市の猿島《さるしま》砲台とあわせて洋上から東京を護る役割を担った。この時期の日本政府は、神奈川県側の観音崎から千葉県側の富津岬に至る東京湾口部を重要な防御ラインと考えており、各砲台の位置は、大砲の有効射程距離が三・〇キロであったことにもとづいている。海堡の完成には、第一海堡は一八八一〜九〇年の九年間を要し、第二海堡は、一八八九〜一九一四年までの二五年間、第三海堡は一八九二〜一九二一年までの二九年間を要した。

第一次世界大戦（一九一四〜一八年）の後、軍艦や大砲の性能が飛躍的に向上したことから、要塞の整備計画は再考されることとなり、重要な防御ラインは千葉県館山《たてやま》市洲崎《すざき》と神奈川県三崎《みさき》を結ぶ位置に変更となった。それをふまえ、第二期には、東京湾外湾と相模《さがみ》湾に面した範囲の整備が行われ、千葉県側では金谷《かなや》砲台、大房岬《たいぶさみさき》砲塔砲台、洲崎第一砲台、洲崎第二砲台が築かれた。

これらの砲台は、敵艦隊が東京湾に侵入することを防ぐ目的で整備されたが、第二次世界大戦時に戦力の中心となった航空機による攻撃に対しては無力で、終戦までに実戦に参加することはなかった。

現在の姿

東京湾要塞跡のうち神奈川県横須賀市にある猿島砲台跡と千代《ちよ》ケ崎《がさき》砲台跡は、国史跡に指定され、横須賀市により保存・活用が図られている。

第二海堡跡（関東地方整備局東京湾口航路事務所提供）

千葉県側のもののうち富津元洲保塁砲台跡は、千葉県立富津公園の一部に公園として整備されている。砲台中央部分に展望台が設置されているため、真上から地上の遺構を観察することができる。

元洲砲台跡を含む富津公園一帯は、千葉県指定天然記念物「富津洲海浜植物群落地」として指定・保護されている。南房総市にある大房岬砲塔砲台跡は、市指定史跡に指定されるとともに、大房岬自然公園内に公園として整備されている。また、海上に浮かぶ第一、第二海堡は、富津岬にある明治百年記念展望塔から肉眼で見ることができ、そのうち第二海堡は、民間旅行会社による上陸ツアーが行われており、現地に足を運ぶことができる。（吉野）

富津元洲保塁砲台跡。展望台から西を望む（筆者撮影）

11章

京葉臨海工業地帯の造成と戦後のあゆみ

千葉県の産業構造を変えた京葉臨海工業地帯の造成は、戦後の高度経済成長と軌を一にした千葉県の発展を象徴する一大事業であった。戦後の千葉県の変容は、今後どのように評価されていくのであろうか。

京葉臨海工業地帯の造成

地図で千葉県の戦前と戦後の姿を見比べると、東京湾岸に埋立地がかなり造成されているのがわかる。かつて遠浅の海が広がっていた湾岸の風景は、工場や石油タンク、住宅団地などが立ち並び、海岸はすっかり遠くなった。戦後、埋立地を基盤とした京葉臨海工業地帯(京葉工業地域)の造成は、それまでの農林水産業中心であった千葉県の産業構造を商工業方面でも全国上位に押し上げる大きな原動力となったが、東京湾の千葉県側の埋立造成は、戦前の一九四〇年(昭和十五)にはすでに計画されていた。この計画の一部であった千葉市今井町地先(現千葉市中央区)の埋立地(約六〇万坪)には軍需企業の日立航空機が進出して一九四三年から操業を開始したが、終戦により工場は閉鎖されていた。千葉県と千葉市は日立航空機跡はたして、戦後復興の契機は一九五〇年の朝鮮戦争特需であった。

千葉から木更津までの海岸と東京湾アクアライン。東京アクアラインが延びる木更津の盤州干潟以外は埋立地が連続しているのがわかる。1999年撮影(千葉県文書館提供)

地への進出企業の誘致に奔走し、同年の川崎製鉄(現JFEホールディングス)の誘致を成功させると、これが京葉臨海工業地帯の萌芽《ほうが》となった。遠浅の海は港湾としては不適であったため、大型船が着岸できるように深く浚渫《しゅんせつ》し、その浚渫土は埋め立てに活用した。これがのちに国際貿易港となる千葉港建設の端緒となった。川崎製鉄の操業開始は一九五三年だが、工場稼働に必要な電力供給源として、その翌年に川崎製鉄の南側の埋立地に東京電力の千葉火力発電所の進出が決まったことは、さらなる他工場誘致の後押しともなった。千葉火力発電所は一九五七年から五九年までの間に一〜四号機が稼働を開始するが、三号機一台で当時の千葉県内の全電力需要を賄えるほどの大容量の発電機能を有し、当時「東洋一の火力発電所」とうたわれた。

政府の重化学工業化促進政策を背景に、千葉県は一九五八年に「京葉工業地帯造成計画」を策定し、臨海部の埋立造成を本格化した。このときの埋立計画は一〇〇〇〇万坪であったが、一九六〇年の君津地区への八幡《やはた》製鉄(現日本製鉄)の進出内定後には三四〇〇万坪へと拡大している。埋立地の拡大により、「京葉臨海」の概念も東京(県内では浦安)から千葉辺りまでにとどまらず、さらに南の東京湾口の富津《ふっつ》岬までを指すものへと変化していった。なお、県は川崎製鉄や千葉火力発電所が立地する千葉市生浜《おいはま》地区以南と千葉港中央地区以北を境に前者を工業基盤整備中心、後者を都市基盤整備中心のそれぞれ開発地区とし、とくに幕張《まくはり》・検見川《けみがわ》・稲毛《いなげ》の三地区は「臨海地域土地造成整備事業」とは別の「新市街地造成整備事業」として開発していることから、エリア内は一様でないことに注意したい。

埋立造成に千葉県が果たした役割

川崎製鉄が千葉県に進出することを決定した一九五〇年(昭和二十五)は、初代民選知事の川口為之《ための》助《すけ》が引退し、秋の知事選で副知事の柴田等《しばたひとし》が二代目の民選知事に当選・就任した年でもあった。農林官僚出身の柴田は、京葉臨海工業地帯造成の一方で農業の近代化も図る「農工両全」を目指した。この施策は、高度経済成長の過程で農業就業者と他産業就業者との所得格差の拡大傾向が明らかとなった当時、県の産業別人口の半分を占めていた農業を発展させるには、その経営規模拡大と協業化を進めて農業就業人口の調整を図り、その余剰労働力を工業地帯に投入して農業も工業もともに生産性を高めていくというものであった。このため、工業用地の造成は臨海部だけでなく、内陸部においても並行して計画された(一九六〇年に県庁内に内陸工業開発室設置)。

ところで、大規模な臨海部の埋立造成を県主導で行うにあたり、当時の千葉県の財政力は脆弱《ぜいじゃく》であった。そこで埋立造成はあくまで県の事業として行うものの、原則として造成地を進出企業に予約分譲し、企業側に事業資金を予納させ、併せて漁業補償費の支払いや周辺道路および公園などの整備も行う「千葉方式」で事業は進められた。また、工業地帯創出というより都市施設用地の確保など都市再開発事業の側面が強かった千葉港中央地区(一九六三年着工)などでは共同事業方式、いわゆる「出《で》洲《ず》方式」が採用された。

出洲とは、この方式で最初に着工された千葉港中央地区内の地名「出洲海岸」に由来する。この出洲方式では、県側が費用の三分の一を負担し、残りの三分の二を企業側が負担するというもので、造成された土地も県と企業が出資比率と同じ割合で取得した。埋立造成により漁場を失う京葉沿岸の漁師たち(漁業組合)との漁業権放棄交渉には県も前面に立ち、当初は反対の立場であった漁師側も、県や地元自治体の粘り強い説得と漁場の環境悪化や転業促進策もあり、しだいに漁業権の放棄に応じていった。こうして途中景気後退の苦境期を挟みながらも、京葉臨海部の埋立造成は一部を除いて一九六〇~七〇年代にほぼ完了し、内湾の風景は激変した。進出企業の選定にあたっては、県の誘致方針を反映して企業群方式とし、進出企業が相互に関連しあうコンビナートが形成されていった。埋立地には丸善石油(現コスモ石油)、出光興産、住友化学、三井石油化学(現三井化学)といった石油精製や石油化学関連企業などがおもに進出し、京葉臨海工業地帯は「鉄鋼」「エネルギー」「石油化学」を主体とした全国有数の素材型産業の集積地となっていったのである。

京葉臨海工業地帯への企業進出によって千葉県の財政は強化され、県民所得も向上したが、一方で負の側面もあらわになった。鉄鋼や石油関連の工場から出される煤煙《ばいえん》による大気汚染や工場廃液に起因する水質汚濁、騒音や悪臭、地下水の汲《く》み上げにともなう地盤沈下などの問題が発生しはじめた。内陸部でも工業化と人口増によって手賀沼《てがぬま》や印旛沼《いんばぬま》の汚染が社会問題化したため、経済の発展と県民生活の保全とをどのように調和させていくかが県政の大きな課題となった。環境意識の高まりや社会情勢の変化により、二〇〇一年(平成十三)に「市川二期」「京葉港二期」両地区の埋立計画は中止となっている。

世界に開かれた空と海の玄関口として

戦後の高度経済成長は、社会のさまざまな分野で大きな変化をもたらしたが、交通関係ではとくに航空需要の伸びが著しく、需要増に対して東京国際空港(通称は羽田空港)の限界が明らかとなってきたため、一九六六年(昭和四十一)に千葉県成田市三里塚《さんりづか》地区を中心としたエリアが空港建設予定地と決まった。下総《しもうさ》御料牧場などの国有地や県有地が活用できて予定地に所在する民有地面積を極力圧縮できると考えられたからだが、政府の一方的決定であったため、成田空港建設に反対する三里塚闘争(成田闘争)が展開されることになった。このため空港の開港は大幅に遅れ、ようやく一九七八年に新東京国際空港(現成田国際空港。通称は**成田空港**)として開港した。当初予定した滑走路三本のうち一本だけの不完全な状態でのスタートであった。

成田空港とその周辺。1993年撮影。北東側から空港を写す。手前の第二ターミナルが供用を開始した頃の撮影。その後、写真手前のB滑走路建設など整備が進むが、現在も敷地内には未買収地が点在している(千葉県文書館提供)

開港に際して禍根を残しつつも、成田空港の開港は京葉臨海工業地帯の造成と並んで千葉県にとっては大きな転機となった。高度経済成長は一九七三年の石油危機(オイル＝ショック)で終焉《しゅうえん》を迎えたが、その間の京葉臨海工業地帯の造成と成田空港の建設が県内の交通網整備やニュータウン造成に大きな影響を与えたことは間違いない。そして千葉県はわが国における世界に開かれた海と空の両方の玄関口を有することになった。海の玄関口である千葉港は、市川から袖ケ浦《そでがうら》までの一三三キロの海岸線を有する日本一広い港湾である。工業港として発展してきたので一般にはなじみが薄いが、京葉臨海工業地帯を背景に、港湾として国内最大級の貨物取扱量(二〇二三年は国内二位。うち企業専用岸壁での取扱量が九〇パーセント以上を占める)を誇る国際貿易港である。一方で成田空港も現在は旅客数で全国二位、貨物取扱量数でも全国一位(ともに二〇二三年度)のわが国を代表する国際空港となっている。

戦後の千葉県の立ち位置

千葉県の戦後もまた、隣接する首都・東京との関係で語られることが多い。そして東京の隣接他県と同様に千葉県は東京から溢《あふ》れ出た人々を受け入れるベッドタウンとしての役割も担っている。空襲で焼け出された人たちを含め、戦後の住

幕張新都心地区。1994年撮影。南東から中心部周辺を写す。写真中央の幕張メッセ(89年オープン)や周辺のオフィスビルやホテルは竣工しているが、まだ「街」としては整備途上の段階である(千葉県文書館提供)

宅不足に直面した千葉県は、一九五三年(昭和二十八)に千葉県住宅協会(現千葉県住宅供給公社)を設立し、計画的な住宅・宅地供給を図った。千葉県八千代市南端の八千代台団地の一隅には**「住宅団地発祥の地」**碑が建つが、八千代台団地が誕生した一九五五年には日本住宅公団(現都市再生機構。略称はUR)が設立されており、以後、全国規模で住宅団地が建設されていった。千葉県内の初期の住宅団地としてはほかに稲毛(千葉市美浜区)、荒工《あらく》山《やま》、光ヶ丘(ともに柏市)、常盤平《ときわだいら》(松戸市)などが挙げられるが、この初期の住宅団地の造成地が東京への通勤圏、すなわち県北西部に偏っていたことは、結果として県外からの移住者増を招いた側面もあり、千葉県のベッドタウン化をいっそう推し進めることになった。

県外からの移住者については、こうした「千葉都民」の増加だけではない。京葉臨海工業地帯の造成や成田空港の開港なども人口増につながった。千葉県は昭和四十年代初頭から、一つの街ともいえる成田ニュータウン(成田市)や千葉ニュータウン(印西《いんざい》市・白井《しろい》市・船橋市)の造成などにも着手した。一九四六年に約二〇〇万人だった千葉県の人口は、二〇〇二年(平成十四)に六〇〇万人を突破したが、とくに一九六〇～七〇年代の増加が著しく、これは京葉臨海工業地帯の造成最盛期とも重なり、県外からの移住者増(社会増)によるところが大きい。その後、人口増加は少子高齢化や東京都心部の再開発もあって停滞するが、東京湾アクアラインの開通(一九九七年)やつくばエクスプレスの開業(二〇〇五年)などを経て、千葉県の首都・東京との近接性はますます強まっている。

戦後の千葉県が農林水産業中心から農工商のバランスのとれた産業県に生まれ変わったことは、各種統計資料で確認できる。かつて柴田知事が唱えた「農工両全」は、その光と影も含めて現在の千葉県の姿に結実している。それは千葉県が置かれた大都市・東京に近い地理的優位性がもたらした結果でもあるが、巨大な素材型産業中心の京葉臨海工業地帯を含め、新世代の新たな産業構造に千葉県がどのように適応していくのかが今後問われるであろう。近年は銚子《ちょうし》近辺での風力発電機が林立する風景も当たり前のようになった。こうしてまた千葉県の景観は変わっていくのかもしれない。

(豊川)

「住宅団地発祥の地」碑。八千代台団地の玄関口となる京成本線の八千代台駅西口のバスロータリーの一角に建つ。「昭和30年３月…千葉県住宅協会の手でこの地に全国初の住宅団地が誕生した」などと記す(筆者撮影)

三《さん》里《り》塚《づか》御《ご》料《りょう》牧《ぼく》場《じょう》記《き》念《ねん》館《かん》

栃木県に移転する前の御料牧場の存在を今に伝える

→P23

成田国際空港が建設される前は現地に広大な下総《しもうさ》御料牧場があったことを後世に伝える記念館であり、一九六九年(昭和四十四)八月に閉場した同牧場の関係資料を展示する。ほかにも当該地域のあゆみを伝える資料や近世の牧《まき》関係資料、宮内庁払い下げの馬車や昭和天皇と香淳皇后の欧州訪問時の搭乗機である「お召し機」用の特別調度品なども展示されている。

記念館はかつての下総御料牧場の跡地の一部を公園化した三里塚記念公園内に位置し、同公園には国の登録有形文化財の貴賓館や防空壕もあり、また桜の名所でもある。

筆者撮影

DATA
成田市三里塚

千《ち》葉《ば》ポートタワー

千葉県民五〇〇万人突破を記念して建設が計画された千葉港の象徴

→P19

一九八六年(昭和六十一)の県民の日にオープンした展望施設で、千葉市のランドマークにもなっている。臨海埋立地である千葉ポートパーク内に建つ。

タワー本体の高さは約一二五メートルで、真上から見ると菱形の形状をしており、展望フロアなど一部を除いて全面は鏡のような熱反射ガラス(ハーフミラー)で覆われている。風速六〇メートルや震度七の揺れにも耐えられるように、屋上付近にダイナミックダンパーという制振装置を国内で初めて設置している。「日本夜景遺産」に認定された夜の眺望にも人気がある。

筆者撮影

DATA
千葉市中央区中央港

千葉《ちば》トヨペット本社《ほんしゃ》

↓P19

一八九九年(明治三十二)に日本勧業銀行(現みずほ銀行)の本店建物として東京に建造後、移築されて千葉市役所などにも転用された有為転変の建造物。純和風の外観をとどめる現役社屋でもある。

DATA 登録 千葉市美浜区稲毛海岸

旧《きゅう》生《おい》浜《はま》町《まち》役《やく》場《ば》庁《ちょう》舎《しゃ》

↓P19

一九三二年(昭和七)竣工《しゅんこう》。貴重な戦前の役場遺構。内部見学可。一階はおもに事務室、二階は議場として使用された。生浜町は千葉市との合併に際し、海岸埋め立てに揺れた町であった。

DATA 市指定 千葉市中央区浜野町

千葉《ちば》火力《かりょく》発電所《はつでんしょ》 3号《ごう》タービンローター

↓P21

千葉火力発電所において、一九九一年(平成三)まで電気を作りつづけたタービンローターの実物。蒸気で回転し、重さは約二三トンもある。県立現代産業科学館のエントランスで展示されている。

DATA 市川市鬼高(県立現代産業科学館)

松《まつ》ケ《が》丘《おか》一《いち》号《ごう》型《がた》街《がい》路《ろ》灯《とう》

↓P21

一九五六年(昭和三十一)に入居開始の松ヶ丘団地に防犯のため設置された二〇基以上もの街路灯のうち、当初の形状を残す唯一の遺構。地元の寺院である陽廣《ようこう》院《いん》に移築されて保存されている。

DATA 登録 流山市松ケ丘

富《ふっ》津《つ》埋《うめ》立《たて》記《き》念《ねん》館《かん》

↓P25

一九九三年(平成五)開館。埋め立て前の富津沖で盛んだった海苔や貝などの漁業関係資料を展示する。建物の外観は富津になじみ深い簀立《すだ》て漁や砲台をイメージしている。

DATA 富津市新井

成《なり》田《た》空《くう》港《こう》空《そら》と大《だい》地《ち》の歴《れき》史《し》館《かん》

↓P18

成田空港と地域をめぐる歴史的経緯や関係者の苦悩と想いを正確に後世に伝えるために二〇一一年(平成二十三)に開館。航空科学博物館に隣接している。声をかければ、スタッフによる解説も聞ける。

DATA 芝山町岩山

12章 千葉県と災害

千葉県では、台風、大雨、大風および洪水、干ばつなどの気象災害に加え、地震および津波といった自然災害が、多くの人々を苦しめてきた。人々は、これらの災害に直面し、その被害を克服しようとし、また記録に残すことにより、後世へ教訓を伝えようとした。

台風、大雨、大風による被害

台風、大雨は、おもに河川の流域において甚大な被害をもたらした。県の北部を流れる利根川《とねがわ》においては、広大な流域面積から集めた雨水が流れ込み、その下流域に位置している千葉県と茨城県では、近代に至るまでたびたび洪水などの被害が発生した。流域には洪水対策として、屋敷地の一角を高く盛り上げその上に蔵を建てる「水塚《みづか》」が多く造られた。とくに利根川と印旛沼《いんばぬま》とをつなぐ長門川《ながとがわ》、将《しょう》監川《げんがわ》の流域に多くみられ、印西市《いんざいし》の**押付《おしつけ》の水塚**(県有形民俗)のように屋敷地全体が水塚となっているものもあった。

千葉県の利根川の流域にも栃木県の渡良瀬《わたらせ》遊水池のような遊水池が存在した。近世以降、このような低湿地は農地として干拓が試みられたが、大雨や利根川の出水のたびに冠水し、事業は困難を極め

押付の水塚（印西市教育委員会提供）

た。とくに手賀沼《てがぬま》、印旛沼周辺に広がる湿地では、農地の拡大と治水の両面から干拓事業が行われた。手賀沼の干拓事業は一七世紀まで遡り、寛文《かんぶん》年間（一六七〇年前後）には、我孫子《あびこ》新田をはじめとする五カ所の新田が成立した。享保《きょうほう》年間（一七一六〜三六）には手賀沼を東西に仕切る千間堤《せんげんつつみ》（浅間渡《せんげんわたし》）が築堤され、下流部の下沼の干拓を目指した。しかし利根川への排水路が十分には機能せず、大雨のたびに冠水した。また利根川の異常出水時には利根川の水が手賀川を逆流し洪水を引き起こした。手賀沼の干拓事業が完成し、洪水の被害が遠のいたのは、昭和になってからであった。

江戸時代中期の田沼意次《たぬまおきつぐ》による干拓事業で知られる印旛沼は、長門川によって利根川と接続している。近代以前の長門川は、平常時には印旛沼の水を利根川に排水していたが、利根川の増水時には、利根川の水が逆流する河川であった。このように印旛沼は利根川の遊水池としての役割を果たしていたため、印旛沼へ流れ込む鹿島川《かしまがわ》の上流域での大雨などがあったときは、沼の周辺の干拓地は、洪水に悩まされた。一九二一年（大正十）に、利根川と長門川の合流地点に印旛水門が設けられたことにより、利根川の水の逆流を防ぐことが可能になり、利根川の増水による印旛沼の洪水を防ぐことができるようになった。さらに、一九六〇年（昭和三十五）に、印旛排水機場が設置され、長門川の水の排水が可能となったことにより、印旛沼の水量をコントロールできるようになったことで、干拓事業が完成し、利根川からの逆流による洪水を克服することができた。

暴風による海難事故の記録

千葉県は、台風などの暴風による被害が多い地域である。とくに海に面しているため、歴史上でも暴風による海難事故の記録がある。一六〇九年(慶長《けいちょう》十四)に御宿《おんじゅく》沖で発生したサンフランシスコ号遭難事件、一六一四年(同十九)に銚子《ちょうし》沖で発生した漁船遭難事故、一八六九年(明治二)に勝浦沖で発生した米国船ハーマン号遭難事件などが知られている。

サンフランシスコ号遭難事件は、九月三十日、乗員・乗客三七三人を乗せたスペイン船サンフランシスコ号が大暴風雨に遭遇し、御宿町岩和田で座礁したという事件である。地元住民の救出活動により、前ルソン総督代理のドン・ロドリゴをはじめとする三一七人が救助された。ロドリゴが上陸したと伝えられる場所が「ドン・ロドリゴ上陸地」(県史跡)として指定されている。

一六一四年には銚子沖で発生した突風により、鹿島灘《かしまなだ》で漁をしていた漁船が風波に翻弄《ほんろう》され、一〇〇〇人以上が溺死したという海難事故が発生した。この事故で亡くなった漁民を慰霊するために、銚子の利根川河口に**千人塚**がつくられた。千人塚には、一九六〇年(昭和三十五)に千人塚海難漁民慰霊塔が建立されている。

米国船ハーマン号遭難事件は、一八六九年(明治二)一月三日に勝浦沖で起こった座礁事故である。ハーマン号は熊本藩が借り上げた米国船で、当時函館において抵抗を続ける旧幕府軍と対峙《たいじ》していた弘前藩の援軍に向かうために熊本藩士を乗せ、房総半島の東岸を通りかかった際に暴風雨のために勝浦沖にて座礁した。二〇八人が溺死し、一四一人が生還した。事件の顚末《てんまつ》は熊本藩士の手により「明治二年奥州出征米国船ハーマン号勝浦沖遭難絵巻」（県有形）に記された。また勝浦市には、地元の人々により「官軍塚」（県史跡）が築かれ、今日でも慰霊祭が行われている。

干ばつによる被害と灌漑設備の整備

現在では、房総半島の沿岸部から内陸部に至るさまざまな場所で農業が営まれている。作物も、米だけでなくさまざまな野菜が収穫され、二〇二一年（令和三）の農業生産額は全国第六位である。しかし、広大な水田が広がる九十九里平野でさえも、現在のように安定して収穫を得られるようになるには、長い年月を要した。また、現在は広大な野菜畑が営まれている下総《しもうさ》台地の内陸部も、近代までは水が乏しく、作物の栽培に適さない土地であった。香取市、八街市、成田市、富里市の台地中央部には、近世までは幕府の直轄の馬牧《うままき》である佐倉牧が広がっていた。近代になり牧が廃止されると、農地開発が行われ、サツマイモなどの栽培が試みられた。しかし水源が乏しいことから水不足により失敗を繰り返した。九十九里平野は、江戸時代までは、湿地が点在する農業が適さない土地であった。国指定天然記念物第一号として知られる**成東東金《なるとうとうがね》食虫植物群落**のような湿原の景観が点々と見られたのだろう。傾斜がほとんどなく平坦《へいたん》な地形であるため、雨が多い年には排水がままならず、水害が起こった。その一方で、この地域を流れる河川がいずれも小規模であるため水源が乏しく、雨が少ない年には干ばつに見舞われた。これらの河川の上流部には東金市の雄蛇ケ池《おじゃがいけ》のようなため池が設けられた

成東東金食虫植物群落(山武市歴史民俗資料館提供) 国天

が、流域の水田をつねに潤すためには十分ではなかった。

一九三五年(昭和十)頃から、利根川の水を九十九里平野に送る大利根用水と両総用水という二本の用水路工事が開始された。大利根用水は、一九三五年に工事を開始し、一九五一年に竣工した。香取郡東庄《とうのしょう》町で利根川の水を揚水し、九十九里平野北部の旭市、匝瑳《そうさ》市、東庄町、横芝光《よこしばひかり》町の水田七万六〇〇〇ヘクタールを灌漑《かんがい》している。両総用水は、一九四三年に工事を開始し、一九六五年に完成した。香取市佐原《さわら》で揚水し、香取市、神崎《こうざき》町、大栄《たいえい》町、多古《たこ》町、横芝光町、匝瑳市、東金市、山武《さんむ》市、九十九里町、大網白里市、白子《しらこ》町、長生《ちょうせい》村、茂原市に広がる一万四〇〇〇ヘクタールを灌漑している。この二つの用水により、広大な地域の農地が干ばつから解放された。

千葉県と地震・津波

房総半島は、南側からフィリピン海プレート、東側から太平洋プレートの影響を受けている。半島の南沖にある相模《さがみ》トラフにおいてフィリピン海プレートが潜り込んでおり、東方沖にある日本海溝において太平洋プレートが、陸プレートの下に潜り込んだフィリピン海プレートのさらに下に潜り込んでいる。そのため、それぞれのプレートの内部での断層運動とともに、二つのプレートの境界でも断層運動を生じ、その結果、地震が多発する地域となっている。

千葉県における歴史上の地震・津波などの記録は、一六〇五年(慶長十)の慶長地震、一六七七年(延《えん》宝《ぽう》五)の延宝房総沖地震、一七〇三年(元禄《げんろく》十六)に発生した元禄地震、一八五五年(安政《あんせい》二)に発生した安政大地震、一九二三年(大正十二)の関東大地震などがある。

南房総の地震隆起段丘、伊勢船島(千葉県教育委員会提供) 県指定

(1)元禄地震による被害と関連文化財

一七〇三年(元禄十六)十一月二十二日夜半、関東地方全域は激しい揺れに見舞われた。震源は、房総沖約二〇キロの海底で、規模はマグニチュード七・九～八・二と推測されている。この地震により、房総半島では地盤の変動がみられ、とくに半島の南端部では地盤が約六メートル隆起したといわれている。

現在、野島埼灯台(国登録)がある南房総市の**野島崎**は、元禄地震以前は、「野島」という島であったが、この地震による地盤の隆起のため、房総半島と地続きとなったといわれている。館山市、南房総市の**南房総の地震隆起段丘**(県天然記念物)は、元禄地震の際の隆起段丘だが、地震前と地震後の当地の様子を記した「延宝元年根本・砂取村漁場争論裁許絵図」と地震後を記した「根本・砂取村絵図」が残されており、歴史資料からも地形変化を知ることができる。また、縄文時代から古墳時代の遺跡である**鉈切洞穴**《なたぎり》（県史跡）は、標高二五メートルの海岸段丘上に位置しているが、本来は海の波による浸食でできた海食洞穴であり、当初は海岸にあった。元禄地震を含む幾度かの地震による地殻変動により二五メートルも隆起したことを示している。

元禄大地震でもっとも被害を受けたのは、九十九里平野一帯の村々であった。古山豊氏の調査研究によると、平野に位置する山武郡、長生郡域だけで約三五〇〇人を超える溺死者を出したとされる。津波の被害は木戸川以南の地域で大きく、現在の海岸線から約一キロメートルが浸水したと考えられる。津波は、木戸川、南白亀川《なばきがわ》、一宮川などの河川を遡り、河川周辺に形成されたラグーンにあふれて、村々を襲った。津波の記録は、寺の過去帳などの古文書に記されているだけでなく、九十九里町、大網白里市、白子町、茂原市の各地に**津波供養塔**が残されている。そのいくつかは市町の史跡に指定され、被害が広範囲に及んだことを現代に伝えている。

津波の被害は、鴨川《かもがわ》市、館山市、南房総市においても甚大であった。鴨川市の誕生寺は鎌倉時代に日蓮《にちれん》の生家跡に建立されたといわれているが、明応《めいおう》地震（一四九八年）と元禄地震の二度の大地震、津

津波代様《つなしろさま》（白子町。筆者撮影） 町指定

波により水没し、現在地に移して再興された。なお、再興時の伽藍《がらん》は、一七五八年(宝暦《ほうれき》八)の大火で、一七〇六年(宝永《ほうえい》三)建立の仁王門(県有形)を除き焼失した。また、館山市那古寺《なごじ》も元禄地震により裏山が崩れ、伽藍すべてが倒壊し、現在の観音堂、多宝塔(ともに県有形)はそれぞれ、一七五八年(宝暦八)、一七六一年に再建されたものである。

(2)関東大地震と関連する文化財

関東大地震は、一九二三年(大正十二)九月一日に相模灘を震源とした地震で、規模はマグニチュード七・九である。千葉県内では、死者、行方不明者が約一万人、全壊家屋が約五万戸、半壊家屋が約七万戸に及んだ。とくに館山市では湾に面した低地一体が被害を受け、六〜九メートルの津波も到来したと考えられる。死者、行方不明者は一二〇〇人、全壊家屋が約一五〇〇戸、半壊家屋約二〇〇〇戸に上った。この地震でも、上総《かずさ》地域全体が隆起し、とくに房総半島南端部では約一・五メートル上昇した。館山湾内にある沖ノ島は独立した島であったが、大地震により海底が隆起して浅瀬となったところに砂が堆積し砂州が形成されたため、陸とつながった。高ノ島にある大正地震記念碑には、安房《あわ》地域の被災状況や復興について記されているが、同様の記念碑が安房地域を中心に現在も残されており、地震による被害を今日に伝えている。

(吉野)

旧《きゅう》井《いの》上《うえ》家《け》住《じゅう》宅《たく》

手賀沼の洪水に備えた屋敷の典型的な事例

↓P20

井上家は、享保《きょうほう》年間（一七一六～三五）に手賀沼《てがぬま》の干拓・新田開発のために江戸から現在の我孫子《あびこ》市に移住し、たびたび起こる洪水と戦いながら、昭和初期に至るまで事業を継続した。十二代当主の井上二郎は、東京帝国大学で土木工学を学び、昭和初期にはトロッコや動力ポンプなど、当時最新の機械技術をもって干拓事業にあたった。現在、江戸末期の母屋をはじめとした九棟の建物が残されている。洪水に備え、屋敷地全体がかさ上げされており、さらに三棟の蔵は水塚《みづか》の上に建てられている。現在は我孫子市が管理しており見学可能。

旧井上家住宅母屋（我孫子市教育委員会提供）

DATA
市指定　我孫子市相島新田

鉈《なた》切《ぎり》洞《どう》穴《けつ》

約六〇〇〇年にわたる地震災害と人の営みを体感

↓P25

洲崎《すのさき》半島中央部の標高二五メートルの海岸段丘に位置する海食洞穴。縄文時代後期初頭の釣針などの漁具や動物遺体などが豊富に出土している。また、古墳時代には墓として使用されていた。洞穴内には船越《ふなこし》鉈切神社の拝殿および本殿があり、古代のものと推測される丸木舟が伝世する（境内地は「南房総の地震隆起段丘」として県指定天然記念物）。海岸段丘の状面は、沼Ⅰ～Ⅳ面と呼ばれる。もっとも高い標高約二四メートルの沼Ⅰ面は約六〇〇〇年前の、もっとも低い標高約五メートルの沼Ⅳ面は元禄《げんろく》地震で隆起した面と考えられている。

館山市教育委員会提供

DATA
県指定　館山市浜田

晴《せい》雨《う》感《かん》應《のう》碑《ひ》

→P18

一八二一年（文政《ぶんせい》四）に九十九里平野を襲った干ばつの際、本圀寺《ほんこくじ》の本尊に雨乞いし成就したことを記念した石碑（一八二五年建立）。本尊「木造日蓮上人坐像」（県指定）は「雨乞祖師」と呼ばれている。

DATA 大網白里市大網（本圀寺内）

千《せん》人《にん》塚《づか》

→P22

一六一四年（慶長《けいちょう》十九）に銚子《ちょうし》沖で発生した、突風による漁船の遭難者を埋葬したもの。溺死者は一〇〇〇人以上に及んだと伝わる。銚子付近は潮流が急なため日本の三大難所の一つとされていた。

DATA 銚子市川口町

官《かん》軍《ぐん》塚《づか》

→P18

一八六九年（明治二）、米国船ハーマン号の暴風雨による遭難事故の救助にあたった地元川津の人々が、遭難者を埋葬供養した場所。塚と記念碑が建つ。地元の人々により現在も慰霊祭が行われている。

DATA 県指定 勝浦市川津

鷲《じゅ》山《せん》寺《じ》元《げん》禄《ろく》津《つ》波《なみ》供《く》養《よう》塔《とう》

→P18

元禄津波供養塔の一つ。台座からの高さ約二・四メートル。地震・津波発生五十一回忌にあたる一七五三年（宝暦《ほうれき》三）に建立された。台座に被害のあった檀家《だんか》村々一〇カ村と溺死者数が記されている。

DATA 市指定 茂原市鷲巣（鷲山寺内）

野《の》島《じま》崎《ざき》

→P25

房総半島最南端に位置する岬。元は独立した島だったものが元禄地震により地盤が隆起して地続きとなったといわれている。野島埼灯台（国登録）が建ち、白浜野島崎公園として整備されている。

DATA 南房総市白浜町

沖《おき》ノ島《しま》

→P25

館山湾内にある島で、以前は独立した島だったが関東大地震により海底が隆起し、海流により砂州が形成され、陸地とつながった。沖ノ島公園として整備されており、縄文時代早期初頭の遺跡でもある。

DATA 館山市富士見

県内のおもな祭礼・行事一覧

開催日（月）	開催日	名称	指定	所在地	補足
1月	1日ほか	玉前神社神楽	◆	一宮町	新春初祈祷祭（1月1日）、春季祭（4月13日）、宮薙祭（7月14日）、鶴羽神社お迎祭（9月10日）、お漱祭（9月12日）、御例祭（9月13日）、氏子太々祭（11月1日） 神社のHPでは「上総神楽」
1月	1日ほか	浅間神社の神楽	◆	千葉市	浅間神社元旦、節分、春祭（5月5日）、浅間神社例大祭（7月15日）、七五三祝い（11月3日）、浅間神社秋祭（11月23日）
1月	7日	木更津中島の梵天立て	■	木更津市	
1月	8日	仁組獅子舞	◆	匝瑳市	市のHPでは「栢田仁組獅子舞」
1月	14～15日	飽富神社の筒粥	◆	袖ケ浦市	飽富神社
1月		坂戸の念仏	◆	佐倉市	西福寺月並念仏（12月を除く毎月9日、1月は18日）、18日の観音講（1月は20日）大師講（22日）おえんま様（1月16日）涅槃講（2月15日）、開山忌の一万遍（4月15日）、お盆（8月14～16日）、お十夜（11月14、15日）など
2月	第1日曜日	水神社永代大御神楽	◆	旭市	元来は、旧暦2月8日の村祈念の神事
2月	上旬頃※	洲崎のミノコオドリ	◆■	館山市	洲崎神社例大祭（2月の初午と8月21日） 国選択名称は「洲崎踊」
2月	上旬頃※	北之幸谷の獅子舞	◆	東金市	初午（2月）秋祭（10月19日）紐解きの日（11月15日）
2月	19～21日	茂名の里芋祭	●	館山市	十二所神社
3月	1日	増間の御神的神事	◆	南房総市	日枝神社祭礼

開催日（月）	開催日	名称	指定	所在地	補足
3月	15日直近の日曜日	大塚ばやし	◆	市原市	海保神社春例祭 以前は20年に一度 前回は2023年3月12日 約100年ぶり
3月	中旬頃	西ノ下の獅子舞	◆	九十九里町	八坂神社例祭
3月	20日	熊野神社の神楽	◆	旭市	熊野神社
3月	月末の土日	鎌数の神楽	◆	旭市	鎌数伊勢大神宮大祭
4月	3日前後の日曜日	取香の三番叟	◆	成田市	側高神社
4月	3日	成田のおどり花見	◆■	成田市	
4月	14・15日	おらんだ楽隊	◆	香取市	香取神宮大饗祭（11月30日）、午年の神幸祭（12年に一度）
4月	第1土曜日	笹川の神楽	◆	東庄町	諏訪神社春季大祭
4月	28日	鹿野山のはしご獅子舞	◆	君津市	白鳥神社祭礼
4月	29日	東浪見甚句	◆	一宮町	不定期。上総さすが市（玉前神社前）などで披露
5月	3日	鳥見神社の獅子舞	◆	印西市	鳥見神社春の例大祭
7月		南房総地方のミノコオドリ	■	館山市	諏訪神社・鹿嶋神社祭礼（毎年6月30日～7月2日の間の1日間）
7月	9～18日など	佐原の山車行事	●▲	香取市	八坂神社祇園祭（7月9～18日までの金・土・日曜日）、諏訪神社大祭（10月第2土曜日を中心とする前後3日間）
7月	第3日曜日	墨獅子舞	◆	酒々井町	六所神社祇園祭
7月	中旬	野田のつく舞	◆■	野田市	須賀神社祭礼（15日直後の土曜日） 国選択名称は「野田の津久舞」

● 国指定重要無形民俗文化財　◆ 県指定無形民俗文化財
■ 記録作成等の措置を講ずべき無形の民俗文化財（国選択）
▲ ユネスコ無形文化遺産代表一覧記載

月	日	行事		場所	備考
7月	下旬の3日間	白間津のオオマチ(大祭)行事	●	南房総市	4年に1度。日枝神社祭礼
		白間津ささら踊	■	南房総市	白間津のオオマチのなかで行われる
	24日	野田のばっぱか獅子舞	◆	野田市	八幡神社祭礼(7月24日)
	25・26日	多古のしいかご舞	◆■	多古町	八坂神社祇園祭
	27日	太田八坂神社のエンヤーホー	◆■	旭市	八坂神社祇園祭
	下旬	東金ばやし	◆	東金市	日吉神社夏の大祭(隔年の7月下旬)
	第2土曜・日曜日	千倉の三番叟	◆	南房総市	荒磯魚見根神社・諏訪神社
		木更津ばやし	◆	木更津市	八剱八幡神社夏祭り
	第4日曜日	北風原の羯鼓舞	◆	鴨川市	愛宕神社または春日神社
	最終日曜	浦部の神楽	◆	印西市	阿夫利神社例大祭(7月最終日曜)、鳥見神社例大祭(10月第3日曜)
8月	1日・2日	加茂の三番叟と花踊	◆■	南房総市	賀茂神社
	第1土曜日	大戸見の神楽	◆	君津市	稲荷神社
	15日	椎津のカラダミ	◆	市原市	
	16日	鬼来迎	●■	横芝光町	広済寺
		篠籠田の獅子舞	◆	柏市	西光院施餓鬼の日(8月16日)
	中旬	八日市場の盆踊り	◆	匝瑳市	
	21日	小室の獅子舞	◆	船橋市	本覚寺施餓鬼会(8月21日)八朔の日(9月1日。本来は旧暦8月1日)
9月	中旬頃※	市原の柳楯神事	◆	市原市	飯香岡八幡宮秋大祭(旧暦8月15日に近い日曜日)

月	日	行事		場所	備考
9月	8日～14日	上総十二社祭り	◆	一宮町・睦沢町・長生村・茂原市・いすみ市。	玉前神社ほか
	14日～16日	安房やわたんまち	◆	館山市、南房総市	安房国司祭 鶴谷八幡宮例大祭
	中旬	吾妻神社の馬だし祭り	◆	富津市	吾妻神社祭礼
	28日	吉保八幡のやぶさめ	◆	鴨川市	吉保八幡神社祭礼
		三島の棒術と羯鼓舞	◆	君津市	三島神社祭礼(9月の最終日曜または10月の第1日曜日)
10月	中旬の日曜日	鶴峯八幡の神楽	◆	市原市	鶴峯八幡宮秋大祭
	17日	鳥見神社の神楽	◆	印西市	鳥見神社例大祭
	19日	岩沼の獅子舞	◆	長生村	皇産霊神社祭礼
		大寺の三番叟	◆	いすみ市	白山神社祭礼
11月	10日	松戸の万作踊り	◆	松戸市	不定期公開
	10日	白桝粉屋おどり	◆	芝山町	芝山はにわ祭。不定期公開
	中旬頃	下総三山の七年祭り	◆	船橋市、千葉市、八千代市、習志野市	丑・未年に数えで7年ごと。小祭(9月中旬)、大祭(11月)
12月	上旬	山倉の鮭祭り	◆	香取市	山倉大神例大祭
	毎月第1・2・4土曜日	浦安のお洒落踊り	◆	浦安市	公開練習(浦安市郷土博物館)千葉県教育庁で確認
	20年毎	倉橋の弥勒三番叟	◆	旭市	東大社神幸祭
	不定期公開	九十九里大漁節	◆	九十九里町	

*※は旧暦を基準に実施されるもの。
*諸事情により実施されていないものも含まれています。

安房	平群（へくり）	平北平 倍久里 平群	平（へい）	平	安房（あわ）郡・館山市・鴨川市・南房総市
	安房（あは）	安房	安房	安房	
	長狭（なかさ）	長狭	長狭（ながさ）	長狭	
	朝夷（あさひな）	朝夷	朝夷（あさい）	朝夷	

※近代の郡名は1878年（明治11）の郡区町村編制法より。
※現代の市町村名は2024年11月現在でおもなものを示す。
※『新版千葉県の歴史第2版』（山川出版社）を元に作成。古代は延喜式、中世は吾妻鏡その他、近世は郡名考・天保郷帳にもとづく。

千葉県の成立過程

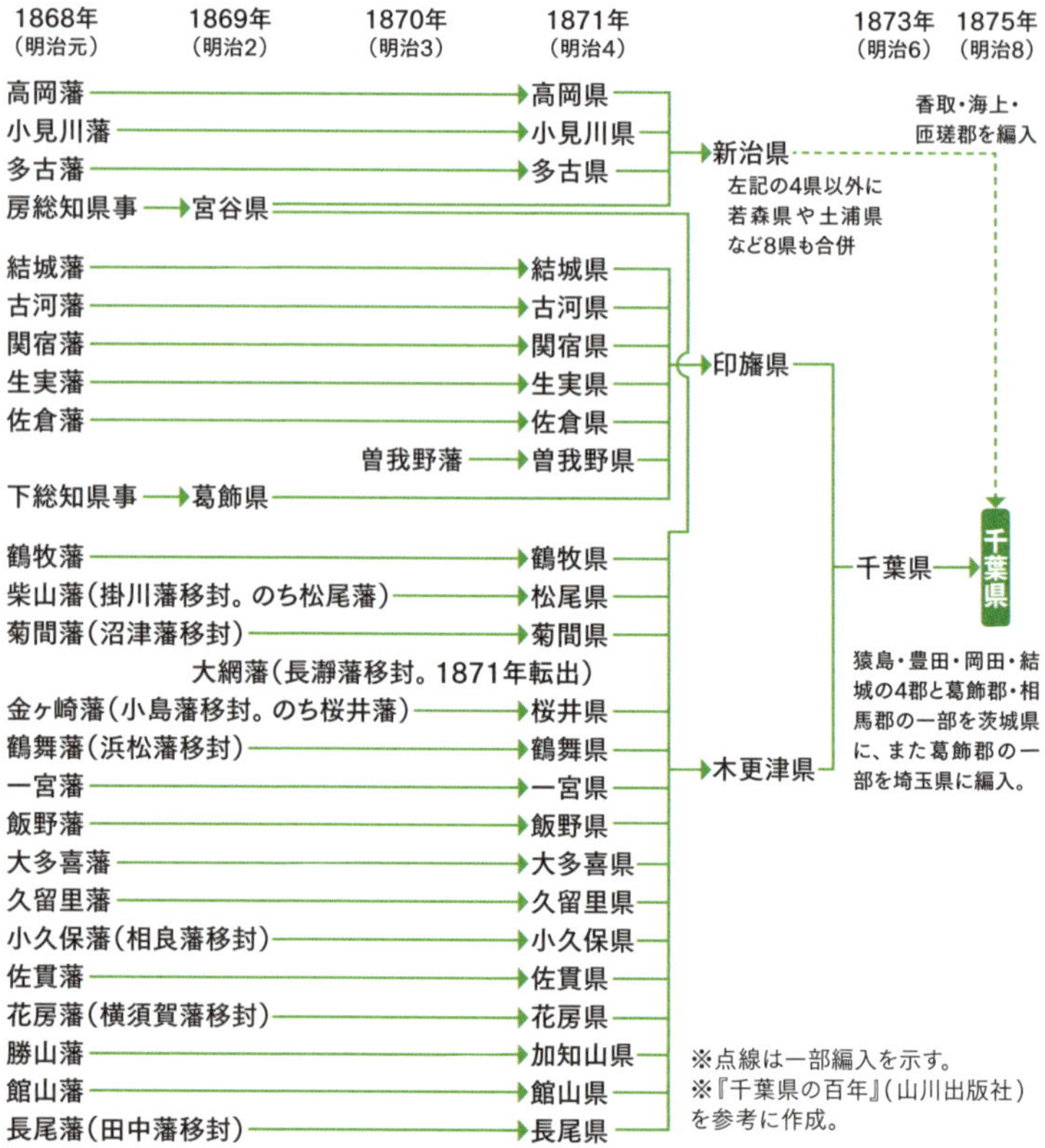

※点線は一部編入を示す。
※『千葉県の百年』（山川出版社）を参考に作成。

国・郡の変遷

国名＼時期	古代	中世	近世	近代	現代
下総	相馬（さうま）	相馬	相馬	北相馬	（茨城県）
				南相馬	我孫子市
	葛餝（かとしか）	葛飾	葛飾（かつしか）	西葛飾	（茨城県）
				中葛飾	（埼玉県）
				東葛飾	市川市・船橋市・松戸市・野田市・柏市・流山市・鎌ケ谷市・浦安市
	印播（いむは）	印幡 印旛	印播／印旛（いんば）	印旛	印旛郡・佐倉市・成田市・四街道市・八街市・印西市・白井市・富里市
	埴生（はにふ）	埴生	埴生（はぶ）	下埴生	
	千葉（ちは）	千葉	千葉（ちば）	千葉	千葉市・習志野市・八千代市
	香取（かとり）	香取	香取（かんとり）	香取	香取（かとり）郡・香取市
	海上（うなかみ）	海上	海上	海上	銚子市・旭市
	匝瑳（さうさ）	匝瑳	匝瑳	匝瑳	匝瑳（そうさ）市
上総	山辺（やまのへ）	山辺	山辺（やまべ）	山辺	山武（さんぶ）郡・東金市・山武（さんむ）市・大網白里市
	武射（むさ）	武射	武射（むしゃ）	武射	
	埴生（はにふ）	埴生	埴生（はぶ）	上埴生	長生（ちょうせい）郡・茂原市
	長柄（なから）	長柄	長柄	長柄	
	夷灊（いしみ）	夷灊 夷隅	夷隅	夷隅	夷隅（いすみ）郡・勝浦市・いすみ市
	市原（いちはら）	市原	市原	市原	市原市
	海上（うなかみ）				
	天羽（あまは）	天羽	天羽	天羽	君津市・富津市
	周淮（すえ）	周集 周淮	周淮（すす）	周准	
	望陀（まうた）	望陀 孟陀	望陀（もうだ）	望陀	木更津市・袖ケ浦市
	畔蒜（あひる）				

主要参考文献

※五十音順

我孫子市教育委員会編『我孫子市文化財保存活用地域計画』我孫子市教育委員会、二〇二一

市川市史歴史編Ⅲ編集委員会編『市川市史　歴史編Ⅲ―まつりごとの展開(通巻3)』市川市、二〇一九

市川市史編さん歴史部会(古代)下総国戸籍研究グループ編『市川市史編さん事業調査報告書　下総国戸籍　遺跡編』市川市文化国際部文化振興課、二〇一四

市原市『国指定天然記念物養老川流域田淵の地磁気逆転地層　保存活用計画』市原市、二〇二〇

市原歴史博物館編『市原歴史博物館常設展示図録』市原歴史博物館、二〇二三

宇野俊一ほか編『新版千葉県の歴史』山川出版社、二〇一二

大矢敏夫『徳川将軍の小金原御鹿狩』デザインエッグ、二〇二〇

小倉博『成田の歴史小話百九十話』崙書房出版、二〇一五

尾高春雄『図説日本の城郭シリーズ⑨　房総里見氏の城郭と合戦』戎光祥出版、二〇一八

川尻秋生『古代東国史の基礎的研究』塙書房、二〇〇三

木更津市教育委員会『上総鋳物師大野家文書調査報告書』木更津市教育委員会、一九九四

木更津市郷土博物館金のすず編『金鈴塚古墳出土品再整理報告書』(三分冊)、木更津市教育委員会、二〇二〇

国立歴史民俗博物館編『佐倉連隊にみる戦争の時代』(展示図録)、国立歴史民俗博物館、二〇〇六

古山豊編著『元禄地震　房総沖巨大地震と大津波』古山豊、二〇二三

佐倉市教育委員会編『井野長割遺跡　第17次調査報告書・総括報告書』佐倉市教育委員会、二〇一〇

佐倉城本丸址発掘調査団『総州佐倉城』佐倉市、一九八三

佐原市教育委員会ほか編『関東地方の町並み』東洋書林、二〇〇四

佐原市都市開発室『佐原の町並み資料集成』佐原市、二〇〇四

酒々井町教育委員会『増補改訂版　国史跡本佐倉城跡』、二〇二四

酒々井町教育委員会編集『史跡墨古沢遺跡保存活用計画書　千葉県印旛郡酒々井町』酒々井町教育委員会、二〇二一

柴田等『三寒四温』隣人社、一九六五
重要文化財西願寺阿弥陀堂修理工事事務所『重要文化財西願寺阿弥陀堂修理工事報告書』西願寺、一九五五
城倉正祥編『殿塚・姫塚古墳の研究　人物埴輪の三次元計測調査報告書』早稲田大学東アジア都城・シルクロード考古学研究所、二〇一七
真保亨「平群天神縁起絵巻について(上・下)」『仏教芸術』七七・八〇号、一九七〇・一九七一
袖ケ浦市教育委員会『山野貝塚総括報告書　房総半島に現存する最南部の縄文時代後・晩期の大型貝塚』袖ケ浦市教育委員会、二〇一六
千葉県編『千葉県史　明治編』千葉県、一九六二
千葉県議会史編さん委員会編『千葉県議会史』第四巻、千葉県議会、一九八二
千葉県議会史編さん委員会編『千葉県議会史』第六巻、千葉県議会、一九九二
千葉県企業庁管理部企業総務課編『千葉県企業庁事業のあゆみ』千葉県企業庁、二〇〇九
千葉県教育委員会編『千葉県所在中近世城館跡詳細分布調査報告書I　旧下総国地域』千葉県教育委員会、一九九五
千葉県教育委員会編『千葉県所在中近世城館跡詳細分布調査報告書I　旧上総・安房国地域』千葉県教育委員会、一九九六
千葉県教育委員会編『千葉県館山市千手院やぐら群―千葉県やぐら調査報告書』千葉県教育委員会、二〇一二
千葉県教育振興財団編集『50年のあゆみ　公益財団法人千葉県教育振興財団設立50周年記念誌』千葉県教育振興財団、二〇二四
千葉県教育庁教育振興部文化財課編集『千葉の地層10選ガイド～千葉には魅力的な地層がいっぱい～』千葉県、二〇二〇(パンフレット)
千葉県教育庁教育振興部文化財課編『ふさの国文化財総覧』一～三、千葉県教育庁教育振興部文化財課、二〇〇四
千葉県史料研究財団編『千葉県の自然誌』本編2　千葉県の大地』千葉県、一九九七
千葉県史料研究財団編『千葉県やぐら分布調査報告書』千葉県、一九九六
千葉県史料研究財団編『千葉県の歴史』全51巻、千葉県、二〇〇三～〇九
千葉県立関宿城博物館編『利根川舟運と利根運河』(展示図録)、千葉県立関宿城博物館、二〇一〇
千葉県立中央博物館編集『秋の展示　おはまおり―海へ向かう神々の祭』千葉県立中央博物館、二〇二二
千葉県立中央博物館大多喜城分館『甲冑とその時代』(展示図録)、

千葉県立中央博物館大多喜城分館、二〇一五
千葉県立中央博物館大利根分館編集『利根川下流域の和算文化』(展示図録)、千葉県立中央博物館、二〇〇八
千葉氏サミット実行委員会編『千葉一族入門事典』啓文社、二〇一六
千葉市美術館編『仏像半島―房総の美しき仏たち』千葉市美術館、二〇一三
千葉市埋蔵文化財調査センター編『史跡加曽利貝塚総括報告書』(三分冊)、千葉市教育委員会、二〇一七
千葉市立郷土博物館編集『関東の30年戦争「享徳の乱」と千葉氏』(展示図録)、千葉県立郷土博物館、二〇二四
館山市教育委員会編『国史跡「里見氏城跡」稲村城跡保存管理計画書』館山市教育委員会、二〇一四
豊川公裕「千葉県誕生までの県の移り変わりについて―企画展「房総の廃藩置県」から」『千葉県の文書館』第二九号、二〇二四
中村茂子「民俗芸能に見る延年の諸相―その二　種目名としての延年試案」『芸能の科学21(芸能論考一四)』東京国立文化財研究所、一九九三
野口実編『千葉氏の研究』名著出版、二〇〇〇
早川庄司『房州誕生寺石造三層塔と九州千葉氏―伝日蓮聖人供養塔とその周辺』青娥書房、二〇〇七
富津市教育委員会編『千葉県富津市内裏塚古墳群総括報告書』富津市教育委員会、二〇一三
船橋市教育委員会文化課埋蔵文化財調査事務所編集『取掛西貝塚総括報告書』(二分冊)、船橋市教育委員会、二〇二一
星埜由尚『伊能忠敬』山川出版社、二〇一〇
南房総市教育委員会生涯学習課編『史跡里見氏城跡岡本城跡保存活用計画書』南房総市教育委員会生涯学習課、二〇一九

執筆者紹介 ※五十音順

石川丈夫 いしかわ・たけお
一九六二年生まれ。鴨川市市史編纂委員
⬇P134～135

稲村　隆 いなむら・たかし
一九九一年生まれ。我孫子市白樺文学館主任学芸員
⬇P146～147

植野英夫 うえの・ひでお
一九六二年生まれ。公益財団法人千葉県教育振興財団理事長
⬇P30～33、86～111

垣中健志 かきなか・けんじ
一九八九年生まれ。奈良文化財研究所研究員
⬇P28～29、66～85

米谷　博 こめたに・ひろし
一九六三年生まれ。千葉県立中央博物館大利根分館主任上席研究員
⬇P34～37、112～133

豊川公裕　とよかわ・きみひろ

一九六六年生まれ。千葉県文書館県史・古文書課長

⬇P38～39、136～145、148～159、162～171

吉野健一　よしの・けんいち

編者

一九六九年生まれ。公益財団法人千葉県教育振興財団文化財センター主幹兼調査第一課長

⬇P10～15、26～27、40～65、160～161、172～181

＊編者・著者プロフィールは、P189-190に掲載。

企画委員：山下信一郎・浅野啓介

編集協力：かみゆ歴史編集部（滝沢弘康、北畠夏影）
図版作成：グラフ
地図作成：ミヤイン
組版：キャップス
装丁・本文デザイン：黒岩二三［fomalhaut］

日本史《にほんし》のなかの千葉県《ちばけん》

2025年3月20日　第1版第1刷印刷
2025年3月30日　第1版第1刷発行

編　者　吉野健一《よしのけんいち》
発行者　野澤武史
発行所　株式会社山川出版社
東京都千代田区内神田1-13-13　〒101-0047
電　話　03（3293）8131（営業）
03（3293）1802（編集）
印　刷　半七写真印刷工業株式会社
製　本　株式会社ブロケード

https://www.yamakawa.co.jp/

ISBN 978-4-634-24906-6